TOUS À TABLE !

Directrice de l'édition : Mylène Des Cheneaux
Éditrice : Ariane Caron-Lacoste
Directrice artistique : Marike Paradis
Conception graphique, couverture et intérieur : Clémence Beaudoin
Révision linguistique : Pascale Matuszek
Correction d'épreuves : Carine Paradis
Photo des auteures en couverture : Sébastien St-Jean, Agence QMI
Photo de recette en couverture : Chantal Poirier, *Le Journal de Montréal*
Photos des recettes : Chantal Poirier, *Le Journal de Montréal*
Stylisme culinaire : Gabrielle Dalessandro
p. 8 August de Richelieu/Pexels, p. 13 Gabe Pierce/Unsplash, p. 18 Hannah Tasker/Unsplash, p. 24 James Wheeler/Unsplash, p. 28 Tanaphong Toochinda/Unsplash, p. 32 Rerintikan/ Unsplash, p. 37 Kristen Kaethler/Unsplash, p. 40 Ben Wicks/Unsplash, p. 44 Tetiana Bykovets/Unsplash, p. 184 August de Richelieu/Pexels, p. 205 Markus Spiske/Unsplash, p. 208 Priscilla du Preez/Unsplash, p. 214 Kelly Sikkema/Unsplash, p. 225 Kari Shea/Unsplash

Données de catalogage disponibles sur le site de Bibliothèque et Archives nationales du Québec.

Les éditions du Journal
Groupe Ville-Marie Littérature inc.*
Une société de Québecor Média
4545, rue Frontenac
3e étage
Montréal (Québec) H2H 2R7
Tél. : 514 523-7993
Téléc. : 514 282-7530
Courriel : vml@groupevml.com
Vice-président à l'édition : Martin Balthazar

Distributeur :
Les Messageries ADP inc.*
2315, rue de la Province
Longueuil (Québec) J4G 1G4
Tél. : 450 640-1234
Téléc. : 450 674-6237
* filiale du Groupe Sogides inc.,
filiale de Québecor Média inc.

Les éditions du Journal bénéficie du soutien de la Société de développement des entreprises culturelles du Québec (SODEC) pour son programme d'édition.
Gouvernement du Québec – Programme de crédit d'impôt pour l'édition de livres – Gestion SODEC.

SODEC Québec

Financé par le gouvernement du Canada | Canada

Dépôt légal : 3e trimestre 2020

leseditionsdujournal.com

ISABELLE HUOT NATHALIE REGIMBAL

TOUS À TABLE !

Vos menus solution famille

LES ÉDITIONS DU JOURNAL

SOMMAIRE

INTRO

C'est avec fierté qu'on vous propose un deuxième livre issu de notre collaboration. Encore une fois, la famille et leurs préoccupations alimentaires sont au cœur de ce nouvel ouvrage. Les commentaires élogieux des familles qui se sont procuré *Les menus solution famille* sont nombreux et nous ont encouragées à offrir à nouveau du contenu de qualité. Plusieurs évoquent à quel point le livre est un outil de choix pour planifier leurs semaines bien chargées. Pour celui qui se trouve entre vos mains, nous nous sommes inspirées du Guide alimentaire canadien revisité, avec encore plus de légumes, de protéines végétales et de grains entiers. Les recettes s'inspirent toujours de plusieurs cultures et ont toutes été testées auprès de six familles pour s'assurer qu'elles plaisent aux petits et aux grands. Pour vous guider dans votre planification, un menu type de 6 semaines est proposé. Ce menu inclut les recettes des lunchs et soupers, mais propose également des petits déjeuners et des collations qui permettent de combler les besoins nutritifs. Le menu proposé sert d'inspiration ; nul besoin de le suivre à la lettre.

Outre les 60 recettes qui composent le menu, plusieurs autres idées de lunchs et collations sont proposées en page 183. En mal d'idées pour les déjeuners, les collations, et les desserts? Vous en retrouverez 12 à la page 211.

Une fois les 6 semaines écoulées, que diriez-vous de reprendre vos semaines préférées ou tout simplement de refaire vos recettes préférées ?

De plus, nous répondons à quelques questions qui nous sont couramment posées par les parents sur des sujets comme le surpoids chez l'enfant, les allergies alimentaires, le végétarisme, etc. L'idée ici est de vous aider à trouver des pistes de solutions pour rendre SIMPLES, RAPIDES ET AGRÉABLES la gestion et la préparation des repas et des collations.

Nous vous souhaitons beaucoup de plaisir à cuisiner en famille !

Merci de votre confiance,

Isabelle et Nathalie

VÉGÉ
et en santé

Selon un sondage mené par le Dr Sylvain Charlebois de l'Université Dalhousie en 2018, 7,1 % des adultes au Canada se considèrent végétariens et 2,3 % végétaliens. Même s'il n'y a pas de statistiques officielles sur le taux de végétarisme chez les enfants, on estime qu'il est en croissance. En effet, que ce soit pour des raisons religieuses, environnementales, de santé ou simplement par préférence alimentaire, le végétarisme connaît un engouement auprès de la population.

LES TYPES DE VÉGÉTARISME

Il y a différents types de végétarisme, selon les aliments d'origine animale que l'on exclut de son alimentation. Si tous les végétariens évitent la viande et la volaille, certains se permettent des œufs (les ovo-végétariens), d'autres des produits laitiers (les lacto-végétariens), ou une combinaison des deux (les lacto-ovo-végétariens) ou du poisson (les pesco-végétariens).

Certains parents imposent leur végétarisme à leurs enfants, dans d'autres cas, ce sont les jeunes qui manifestent leur désir de cesser de manger des protéines animales. Chose certaine, la viande est riche en protéines, en vitamine B_{12}, en fer et en zinc, et les poissons sont une source importante de bons gras oméga-3. De leur côté, les produits laitiers sont riches en calcium et en vitamine D. En excluant ces aliments, il faut prendre soin de les substituer afin de combler ses besoins. Être végé et en santé, c'est possible, mais il faut s'assurer de conserver un équilibre alimentaire.

MON ENFANT SERAIT-IL EN CARENCE ?

Un régime végétarien ou végétalien bien planifié est tout à fait sain et permettra de satisfaire tous les besoins en protéines, en vitamines et en minéraux de votre enfant, pourvu qu'il mange une variété d'aliments. Attardons-nous aux principaux nutriments à surveiller !

PROTÉINES

Il existe plusieurs sources de protéines végétales : les légumineuses, les noix, les graines et les produits à base de soya, comme le tofu, le tempeh et les boissons de soya, en font partie.

RÔLE DES PROTÉINES

Les protéines sont importantes pour la croissance et le développement de l'enfant. Elles jouent un rôle structurel (au niveau des muscles et de la peau) et elles sont impliquées dans plusieurs fonctions de l'organisme, dont la réponse immunitaire, le transport de l'oxygène, la digestion et les hormones. Elles contribuent aussi à la réparation des tissus[1]. Bref, les protéines sont essentielles à une croissance optimale !

Besoins en protéines chez les enfants (g/jour)[2]

	1-3 ans	4-8 ans	9-13 ans	14-18 ans
Filles	13	19	34	46
Garçons	13	19	34	52

/ / /

FER

RÔLE DU FER

Le fer est un constituant de l'hémoglobine et sert au transport de l'oxygène. En cas de carence, l'enfant peut manquer d'énergie et se sentir très fatigué.

---

1 Les diététistes du Canada, « Vérification rapide de la valeur nutritionnelle – contrôle de l'apport en Proteins », *Practice-based Evidence in Nutrition® [PEN] Knowledge Pathway. Population Health/Lifecycle/Gerontology*, 9 juillet 2019, www.pennutrition.com [consulté le 11 décembre 2019].

2 Gouvernement du Canada, « Apports nutritionnels de référence », [novembre 2010], www.canada.ca/content/dam/hc-sc/migration/hc-sc/fn-an/alt_formats/hpfb-dgpsa/pdf/nutrition/dri_tables-fra.pdf [consulté le 10 décembre 2019].

Besoins en fer chez les enfants (mg/jour)

	1-3 ans	4-8 ans	9-13 ans	14-18 ans
Filles	7	10	8	15
Garçons	7	10	8	11

Il existe deux types de fer : le fer héminique, de source animale (volaille, viande, poisson), et le fer non hémique, de source végétale (légumineuses, légumes feuillus vert foncé, céréales enrichies en fer). Puisque le fer non héminique est moins bien absorbé, les végétariens ont besoin d'environ deux fois plus de fer (x 1,8) que les omnivores.

Quelques astuces pour assurer une bonne absorption du fer :

Associez une source de fer avec une source de vitamine C (poivrons, tomates, fraises, agrumes, brocoli, chou).

→ Ajoutez des fruits à vos céréales le matin.
→ Mangez du spaghetti avec une sauce tomate plutôt qu'avec une sauce crémeuse.
→ Ajoutez des poivrons dans une salade de lentilles.

Meilleures sources de fer[3]

Aliments	Portion	Fer (mg)
PROTÉINES VÉGÉTALES		
Tofu	**175 g** (¾ tasse)	**2,4-8**
Fèves de soya	**175 ml** (¾ tasse)	**6,5**
Lentilles	**175 ml** (¾ tasse)	**4,1-4,9**
Haricots (blancs, rouges, pinto, noirs, romains/canneberges, adzuki)	**175 ml** (¾ tasse)	**2,6-4,9**
Graines de citrouille ou de courge, grillées	**60 ml** (¼ tasse)	**1,4-4,7**
Pois (pois chiches, pois cassés, doliques à œil noir)	**175 ml** (¾ tasse)	**1,9-3,5**
Tempeh (produits de soya fermenté)	**150 g** (¾ tasse)	**3,2**
Simili-viande (saucisse, poulet, boulettes de viande, bâtonnets de poisson)	**75 g** (2 ½ oz)	**1,5-2,8**
Edamames	**125 ml** (½ tasse)	**1,9-2,4**
Haricots de Lima	**125 ml** (½ tasse)	**2,2**
Fèves au lard en conserve	**175 ml** (¾ tasse)	**2,2**
Noix (cajous, amandes, noisettes, macadamias, pistaches)	**60 ml** (¼ tasse)	**1,3-2,2**

3 Les diététistes du Canada, « Sources alimentaires de fer », *Practice-based Evidence in Nutrition® [PEN] Knowledge Pathway. Health Condition/Disease/Hematology/Haematology - Anemia/Anaemia: Iron Deficiency*, 10 juin 2016, www.pennutrition.com [consulté le 22 novembre 2019].

PRODUITS CÉRÉALIERS		
Gruau instantané	**175 ml** (¾ tasse)	**4,5-6,6**
Crème de blé	**175 ml** (¾ tasse)	**5,7-5,8**
Céréales	**30 g**	**4-4,3**
Barre granola à l'avoine, aux fruits et aux noix	**1 barre** (32 g)	**1,2-2,7**
Craquelins de grains entiers	**6**	**1,5-2,3**
DIVERS		
Mélasse verte	**15 ml** (1 c. à s.)	**3,6**
Tartinade à l'extrait de levure (Marmite ou Vegemite)	**30 ml** (2 c. à s.)	**1,5**
FRUITS ET LÉGUMES		
Épinards, cuits	**125 ml** (½ tasse)	**2-3,4**
Purée de tomate	**125 ml** (½ tasse)	**2,4**
Asperges, crues	**6 tiges**	**2,1**
Cœurs de palmiers en conserve	**125 ml** (½ tasse)	**2**
Pomme de terre avec pelure	**1 moyenne**	**1,3-1,9**
Pois mange-tout	**125 ml** (½ tasse)	**1,7**
Feuilles de navets ou betteraves	**125 ml** (½ tasse)	**1,5-1,7**
Jus de pruneaux	**125 ml** (½ tasse)	**1,6**

ZINC

RÔLE DU ZINC

Le zinc contribue à la croissance et au développement de l'enfant et il favorise la guérison des blessures tout en renforçant le système immunitaire.

Besoins en zinc chez les enfants (mg/jour)

	1-3 ans	4-8 ans	9-13 ans	14-18 ans
Filles	3	5	8	9
Garçons	3	5	8	11

Les graines, les noix et les légumineuses sont de bonnes sources de zinc.

Meilleures sources de zinc[4]

Aliments	Portion	Zinc (mg)
PROTÉINES VÉGÉTALES		
Graines de citrouille ou de courge	**60 ml** (¼ tasse)	**2,7-4,4**
Fèves au lard en conserve	**175 ml** (¾ tasse)	**4,3**
Tempeh (produit de soya fermenté)	**150 g** (¾ tasse)	**2,4**
Noix (noix de pin, cajous, amandes, arachides)	**60 ml** (¼ tasse)	**1,1-2,2**
Lentilles	**175 ml** (¾ tasse)	**1,9**
Pois secs (pois chiches, doliques à œil noir, pois cassés)	**175 ml** (¾ tasse)	**1,1-1,9**
Graines de tournesol	**60 ml** (¼ tasse)	**0,6-1,8**
Beurre de cajou	**30 ml** (2 c. à s.)	**1,7**
Tofu, préparé avec du chlorure de magnésium ou du sulfate de calcium	**175 ml** (¾ tasse)	**1,2-1,7**
Tahini (beurre de sésame)	**30 ml** (2 c. à s.)	**1,4**
PRODUITS CÉRÉALIERS		
Germe de blé	**30 ml** (2 c. à s.)	**2,4**
Céréales, son	**30 g**	**1,7-1,9**
Riz sauvage	**125 ml** (½ tasse)	**1,2**

4 Les diététistes du Canada, « Sources alimentaires de zinc », *Practice-based Evidence in Nutrition® [PEN] Knowledge Pathway. Population Health/Lifecycle/Vegetarianism*, 15 août 2019, www.pennutrition.com [consulté le 22 novembre 2019].

PRODUITS LAITIERS		
Fromage (cheddar, suisse, gouda, brie, mozzarella)	**50 g** (1 ½ oz)	**1,2-2,2**
Fromage ricotta	**125 ml** (½ tasse)	**1,8**
Lait	**250 ml** (1 tasse)	**1-1,1**
Yogourt (nature, avec fruits au fond)	**175 ml** (¾ tasse)	**0,7-1**
Yogourt grec	**175 ml** (¾ tasse)	**0,9**

/ / /

VITAMINE B_{12}

RÔLE DE LA VITAMINE B_{12}

La vitamine B_{12} joue un rôle dans la maturation des globules rouges. Elle contribue aussi à l'équilibre du système nerveux.

Besoins en vitamine B_{12} chez les enfants (mcg/jour)

	1-3 ans	4-8 ans	9-13 ans	14-18 ans
Filles	**0,9**	**1,2**	**1,8**	**2,4**
Garçons	**0,9**	**1,2**	**1,8**	**2,4**

La vitamine B_{12} se retrouve seulement dans les aliments d'origine animale (viande, poissons, fruits de mer) et dans les produits enrichis de cette vitamine (boissons végétales enrichies, produits imitant la viande ou le poisson, levure nutritionnelle).

Meilleures sources de vitamine B_{12}[5]

Aliments	Portion	Vitamine B_{12} (mcg)
PROTÉINES VÉGÉTALES		
Simili-viande (poulet, bâtonnets de poisson, saucisse fumée)	**75 g** (2 ½ oz)	**1-3,8**
Simili-viande froide	**75 g** (2 ½ oz)	**3**

5 Les diététistes du Canada, « Sources alimentaires de vitamine B12 », *Practice-based Evidence in Nutrition® [PEN] Knowledge Pathway. Population Health/Lifecycle/Vegetarianism*, 29 septembre 2016, www.pennutrition.com [consulté le 22 novembre 2019].

Soya-burger	**75 g** (2 ½ oz)	**1,8**
Œuf	**2 gros**	**1,5-1,6**
PRODUITS LAITIERS		
Fromage suisse (emmental)	**50 g** (1 ½ oz)	**1,7**
Fromage cottage	**250 ml** (1 tasse)	**1,1-1,5**
Lait	**250 ml** (1 tasse)	**1,2-1,4**
DIVERS		
Boisson d'amande ou de riz, enrichie	**250 ml** (1 tasse)	**1**
Boisson de soya enrichie	**250 ml** (1 tasse)	**1**
Levure Red Star T6635 (formule de soutien végétarien)	**2 g** (1 c. à t. de poudre ou 2 c. à t. de flocons)	**1**

/ / /

CALCIUM

RÔLE DU CALCIUM

Le calcium est un minéral important pour la fabrication et le renforcement des os et des dents. Une consommation suffisante de calcium permettra à l'enfant de grandir et d'avoir des os et des dents solides ! De plus, le calcium contribue au bon fonctionnement du cœur et des muscles.

Besoins en calcium chez les enfants (mg/jour)

	1-3 ans	4-8 ans	9-13 ans	14-18 ans
Filles	**700**	**1000**	**1300**	**1300**
Garçons	**700**	**1000**	**1300**	**1300**

Les produits laitiers sont la source principale de calcium. Si l'alimentation en contient, les besoins sont facilement comblés. Sinon, les boissons végétales enrichies en calcium, les amandes, les légumes vert foncé et les légumineuses sont également riches en calcium.

Meilleures sources de calcium[6]

Aliments	Portion	Calcium (mg)
PROTÉINES VÉGÉTALES		
Tofu, préparé avec du sulfate de calcium	**150 g** (¾ tasse)	302-525
Haricots blancs en conserve ou cuits	**175 ml** (¾ tasse)	93-141
Tahini (beurre de sésame)	**30 ml** (2 c. à s.)	130
Haricots au four en conserve	**175 ml** (¾ tasse)	89-105
Amandes, rôties à sec, non blanchies	**60 ml** (¼ tasse)	93
PRODUITS LAITIERS		
Fromage (gruyère, suisse, chèvre, cheddar allégé, mozzarella allégée)	**50 g** (1 ½ oz)	396-596
Fromage fondu (suisse, cheddar), en tranches	**50 g** (1 ½ oz)	276-386
Babeurre	**250 ml** (1 tasse)	370
Cheddar, colby, edam, gouda, mozzarella, bleu	**50 g** (1 ½ oz)	252-366
Ricotta	**50 g** (1 ½ oz)	269-356
Lait de chèvre, enrichi	**250 ml** (1 tasse)	345
Lait à 3,25 %, 2 %, 1 %, écrémé ou au chocolat	**250 ml** (1 tasse)	291-322
Lait en poudre	**24 g** (4 c. à s.), donne 250 ml de lait	302
Yogourt, avec fruits au fond	**175 g** (¾ tasse)	189-283
DIVERS		
Boisson de cajou, enrichie	**250 ml** (1 tasse)	223-331
Boisson de riz, enrichie	**250 ml** (1 tasse)	319
Boisson d'amande, enrichie	**250 ml** (1 tasse)	312
Boisson de noix de coco, enrichie	**250 ml** (1 tasse)	177-223
Boisson de soya, enrichie de calcium	**250 ml** (1 tasse)	321-324
Mélasse verte	**15 ml** (1 c. à s.)	179
FRUITS ET LÉGUMES		
Chou cavalier, congelé, cuit	**125 ml** (½ tasse)	189
Jus d'orange, enrichi de calcium	**125 ml** (½ tasse)	155
Épinards, congelés, cuits	**125 ml** (½ tasse)	154
Feuilles de navet, congelées, cuites	**125 ml** (½ tasse)	132
Chou vert frisé, congelé, cuit	**125 ml** (½ tasse)	95

6 Les diététistes du Canada. « Sources alimentaires de calcium », *Practice-based Evidence in Nutrition® [PEN] Knowledge Pathway. Health Condition/Disease/Osteoporosis*, 28 avril 2016, www.pennutrition.com [consulté le 22 novembre 2019].

VITAMINE D

RÔLE DE LA VITAMINE D

La vitamine D favorise l'absorption du calcium. Elle contribue donc à la densité osseuse. Cette vitamine renforce aussi le système de défense naturelle du corps.

Besoins en vitamine D chez les enfants (UI)

	1-3 ans	4-8 ans	9-13 ans	14-18 ans
Filles	600	600	600	600
Garçons	600	600	600	600

Les meilleures sources de vitamine D comprennent le poisson, le jaune d'œuf et le lait. Si ces aliments sont exclus du régime, il faut miser sur les boissons végétales enrichies et la margarine.

Meilleures sources de vitamine D[7]

Aliments	Portion	Vitamine D (UI)
MATIÈRES GRASSES		
Huile de foie de morue	**5 ml** (1 c. à t.)	**427**
Margarine	**5 ml** (1 c. à t.)	**25-36**
PRODUITS LAITIERS ET SUBSTITUTS		
Lait	**250 ml** (1 tasse)	**103-105**
Poudre de lait écrémé	**24 g** (4 c. à s.), donne 250 ml de lait	**103**
Lait de chèvre, enrichi de vitamine D	**250 ml** (1 tasse)	**100**
Boisson de riz, d'amande ou d'avoine, enrichie de vitamine D	**250 ml** (1 tasse)	**85-90**
Boisson de soya, enrichie de vitamine D	**250 ml** (1 tasse)	**86**
FRUITS ET LÉGUMES		
Jus d'orange, enrichi de vitamine D	**125 ml** (½ tasse)	**50**
Champignons (pleurotes, portobellos, shiitakes)	**125 ml** (½ tasse)	**9-21**
PROTÉINES		
Œufs	**2 moyens**	**47**

/ / /

OMÉGA-3

RÔLE DES OMÉGA-3

Les oméga-3 jouent un rôle critique dans le développement du cerveau, du système nerveux et des yeux. Ils aident également au développement des habiletés d'apprentissage et de la mémoire ainsi qu'au renforcement du système immunitaire. Certaines études s'intéressent même au rôle prometteur que pourraient jouer les oméga-3 sur le contrôle des symptômes du trouble du déficit de l'attention avec hyperactivité (TDAH)[8].

7 Les diététistes du Canada. « Sources alimentaires de vitamine D », *Practice-based Evidence in Nutrition® [PEN] Knowledge Pathway. Health Condition/Disease/Osteoporosis*, 7 février 2018, www.pennutrition.com [consulté le 22 novembre 2019].

8 Academy of Nutrition and Dietetics, «Do Kids Need Omega 3 Fats», [2 mai 2019], www.eatright.org/food/vitamins-and-supplements/types-of-vitamins-and-nutrients/do-kids-need-omega-3-fats [consulté le 11 décembre 2019].

Besoins en oméga-3 chez les enfants (g/jour)

	1-3 ans	4-8 ans	9-13 ans	14-18 ans
Filles	0,7	0,9	1,0	1,1
Garçons	0,7	0,9	1,2	1,6

Le poisson et les fruits de mer représentent les meilleures sources d'oméga-3. Ils contiennent de l'acide docosahexaénoïque (ADH) et de l'acide eicosapentaénoïque (AEP). Si l'enfant ne mange pas de poisson, plusieurs sources végétales d'oméga-3 existent (huile de canola, graines de lin moulues, noix de Grenoble, tofu, boisson de soya, fèves de soya, etc.). Cependant, elles contiennent des oméga-3 sous forme d'acide alpha-linolénique (AAL) qui doivent être convertis en ADH et en AEP avant d'être absorbés par l'organisme. Or, seulement 2 à 10 % le sont, donc l'absorption n'est malheureusement pas très efficace.

Meilleures sources d'oméga-3[9]

Aliments	Portion	Oméga-3 (g)
MATIÈRES GRASSES		
Huile de lin	**5 ml** (1 c. à t.)	2,46
Huile de noix de Grenoble	**5 ml** (1 c. à t.)	0,48
Huile de canola	**5 ml** (1 c. à t.)	0,42
Margarine riche en oméga-3 faite à partir d'huile de canola	**5 ml** (1 c. à t.)	0,34
Huile de soya	**5 ml** (1 c. à t.)	0,31
PROTÉINES VÉGÉTALES		
Graines de lin, moulues	**15 ml** (1 c. à s.)	2,43
Noix de Grenoble	**60 ml** (¼ tasse)	2,30
Graines de chia	**15 ml** (1 c. à s.)	1,9
Noix de noyer noir	**60 ml** (¼ tasse)	0,86
Œufs riches en oméga-3, enrichis d'ADH	**2 œufs**	0,66-0,81
Simili-viande (bâtonnets de poisson, poulet, boulettes de viande)	**75 g** (2 ½ oz)	0,39-0,78
Fèves de soya	**175 ml** (¾ tasse)	0,76
Tofu	**150 g** (¾ tasse)	0,27-0,48
Graines de radis germées	**125 ml** (½ tasse)	0,42
Graines de soya	**60 ml** (¼ tasse)	0,42
FRUITS ET LÉGUMES		
Edamames, cuits	**125 ml** (½ tasse)	0,29-0,34
Courge d'hiver, cuite	**125 ml** (½ tasse)	0,18

9 Les diététistes du Canada, « Sources alimentaires d'acides gras oméga-3 », *Practice-based Evidence in Nutrition® [PEN] Knowledge Pathway. Health Condition/Disease/Cardiovascular Disease*, 7 février 2018, www.pennutrition.com [consulté le 22 novembre 2019].

PRODUITS LAITIERS ET AUTRES BOISSONS ENRICHIES		
Boisson de soya riche en oméga-3 avec lin et algues	**250 ml** (1 tasse)	**0,70**
Yogourt riche en oméga-3	**250 ml** (1 tasse)	**0,46**
Boisson d'avoine	**250 ml** (1 tasse)	**0,30**
Boisson de soya	**250 ml** (1 tasse)	**0,19**
Boisson d'amande	**250 ml** (1 tasse)	**0,10**
PRODUITS CÉRÉALIERS		
Céréales de germe de blé, grillées	**30 g**	**0,24**

VÉGÉ ET EN SANTÉ ?

Une revue littéraire récente (2017) regroupant 24 études a conclu que la taille, le poids et l'indice de masse corporelle des enfants végétariens étaient similaires au groupe contrôle composé d'enfants omnivores. Ainsi, le végétarisme n'aurait pas de répercussions néfastes sur la croissance. Bien que certaines études rapportent que les végétariens ont tendance à être plus maigres que les omnivores, leur développement physique reste dans la normale tant que l'alimentation est bien planifiée et que l'enfant comble ses besoins nutritifs[10].

Deux études sur des groupes d'enfants dont l'âge allait jusqu'à 2 ans ont démontré qu'un régime végétarien n'augmentait pas l'incidence d'anémie ferriprive. Certaines études avec des enfants plus âgés ont observé un taux d'anémie plus élevé chez les végétariens, alors que d'autres études n'ont pas trouvé de différences importantes[11]. Peu importe le régime choisi, rencontrer un expert en nutrition pourra vous permettre de mieux combler les besoins nutritifs de votre enfant et vous rassurer en tant que parent sur l'équilibre nutritionnel de son alimentation.

---

10 Schürmann, S., Kersting, M., & Alexy, U., « Vegetarian Diets in Children: A Systematic Review », *European Journal of Nutrition*, vol. 56, n° 5 (2017), p. 1797-1817, doi:10.1007/s00394-017-1416-0.

11 Rudloff, S., Bührer, C., Jochum, F., et coll., « Vegetarian Diets in Childhood and Adolescence », *Molecular and Cellular Pediatrics*, vol. 6, n° 4 (2019), doi:10.1186/s40348-019-0091-z.

QUESTION *de poids*

La prévalence de l'obésité chez les jeunes ne cesse d'augmenter. Si le surpoids est préoccupant pour la santé de l'enfant, il affecte aussi son estime de soi, car bien des jeunes sont sujets aux commentaires négatifs de leurs camarades de classe. Dans ce contexte, en tant que parents, comment aider votre enfant à adopter de meilleurs comportements alimentaires et à véhiculer des valeurs de diversité corporelle ? Parallèlement, d'autres jeunes affichent une préoccupation excessive à l'égard de leurs poids, allant même jusqu'à développer des troubles de comportement alimentaire comme l'anorexie. Petit guide pour intervenir sans nuire !

LE SURPOIDS ET L'OBÉSITÉ

Le taux d'obésité chez les jeunes Canadiens a presque triplé au cours des 30 dernières années. En 2017, 30 % des jeunes de 2 à 17 ans étaient en surpoids ou obèses. Cet excès de poids affecte la santé physique et psychologique. Les enfants obèses ont un risque accru de développer certaines maladies chroniques, telles que le diabète de type 2, des problèmes respiratoires (par exemple, l'asthme ou l'apnée du sommeil), un cycle menstruel anormal ou perturbé, des problèmes d'os et d'articulations ainsi que des maladies cardiovasculaires (par exemple, l'hypertension artérielle). Outre ces impacts, le surplus de poids peut affecter la santé psychologique. Une faible estime de soi, une perception négative de son corps et une dépression font partie des conséquences possibles. Plusieurs enfants en surpoids mentionnent également être la cible de moqueries ou d'intimidation à l'école. Ces situations sont difficiles à vivre, tant pour votre enfant que pour vous. Le poids est un sujet sensible, particulièrement à l'adolescence. Il n'est pas facile en tant que parent d'intervenir.

QUELQUES ASTUCES :

→ Parlez à votre enfant

Cessez de nier l'existence du problème. Demandez plutôt à votre enfant comment il se sent dans son corps, comment il vit avec les changements corporels et tentez de savoir s'il est victime d'intimidation.

→ Ne mettez pas l'enfant au régime

Calculez les calories qu'ingurgite son enfant ou encore le peser fréquemment est une erreur. Un enfant ne doit pas être au régime ; il suffit d'adopter de meilleures habitudes alimentaires en famille, ce qui bénéficiera à tout le monde. Augmentez votre consommation de fruits et légumes, diminuez les desserts sucrés, éliminez le jus et les boissons sucrées. Intégrez les grains entiers, plus rassasiants. L'idée est de mieux manger, tout simplement !

→ Offrez des aliments sains

En tant que parents, vous avez le contrôle sur l'offre alimentaire à la maison. Assurez-vous de proposer des légumes et des fruits prêts à manger en tout temps. Votre enfant aura plus tendance à se servir s'ils sont prêts à consommer. Ayez toujours des cubes de fromage ou des œufs cuits durs prêts dès que l'enfant manifestera sa faim.

→ Différenciez la « vraie faim » de la « fausse faim »

Il n'est pas facile d'écouter nos signaux de faim et de satiété. Afin d'aider votre enfant dans ce processus, apprenez-lui à reconnaître s'il a vraiment faim. Sent-il qu'il a l'estomac vide ? La « vraie faim » occasionne une sensation désagréable dans l'estomac. La « fausse faim », quant à elle, est guidée par nos sens (vue, odeur) ou encore une émotion. C'est l'envie de manger qui nous pousse à consommer des aliments, et non notre estomac vide.

→ Faites un horaire de repas et de collations

En ayant un horaire de repas et de collations bien défini, il est plus facile de gérer les aliments qu'on consomme. Ainsi, le grignotage entre les repas est moins fréquent. En prenant une collation équilibrée combinant une source de glucides (fruits, produits céréaliers à grains entiers, légumes) et de protéines (yogourt, fromage, noix) entre les repas, votre enfant ne sera pas affamé une fois l'heure du repas venue. Il sera plus facile pour lui d'écouter ses signaux de faim et de satiété, et il consommera la quantité d'aliments nécessaires pour combler sa faim.

→ Mangez lentement

Saviez-vous que la vitesse à laquelle on avale les aliments influence le nombre de calories ingérées ? Manger rapidement est associé à un risque accru d'obésité : en effet, il est deux fois plus grand chez les personnes qui mangent rapidement que chez celles qui le font lentement. Lors des repas, il est donc important de prendre le temps de déguster les aliments. En tant que modèle pour votre enfant, assurez-vous de ralentir le rythme. Un repas devrait durer au moins 30 minutes. Profitez de ce moment en famille pour discuter.

→ **Évitez les distractions lors des repas**
Pendant le repas, mieux vaut éteindre la télévision et mettre hors de portée les cellulaires et les tablettes. Ainsi, on se concentre sur notre assiette et il est plus facile d'écouter nos signaux de faim et satiété. Toutes les études confirment que manger devant la télé est associé à de moins bonnes habitudes alimentaires et à un risque plus élevé d'obésité.

→ **Évitez les restrictions alimentaires**
La notion d'aliments interdits amplifie le désir pour ces aliments, en plus d'encourager une relation malsaine avec la nourriture. Il n'y a pas de bons ou de mauvais aliments. Il est préférable de faire comprendre à l'enfant qu'il y en a certains qui sont réservés aux grandes occasions. Si votre enfant prend toujours du yogourt comme dessert, c'est tout à fait correct s'il désire manger une part de gâteau le week-end, et ce, même s'il est en surpoids.

→ **Ne traitez pas différemment l'enfant en surpoids**
Vous mangez tous de la pizza, mais vous commandez une salade pour votre enfant obèse ? Cela ne constitue pas une stratégie payante. L'enfant éprouvera de la frustration et il risque de manger en cachette par la suite. Vous devez tous manger la même chose et s'il y a un dessert sucré au menu ou encore des frites, tout le monde devrait avoir droit à sa portion. Écarter un enfant du reste de la famille n'est jamais gagnant.

→ **Bougez en famille**
Faire de l'activité physique est un des fondements importants de la santé. En famille, trouvez des activités qui vous plaisent. Par exemple, faire une marche, du vélo, du patin, jouer au soccer, etc. Il est beaucoup plus agréable de bouger en famille si on intègre des activités sportives à ses habitudes de vie.

L'AVIS DE NOTRE PSYCHOLOGUE

Mélanie Laberge est docteure en psychologie à la clinique CHANGE. Elle est spécialisée en troubles alimentaires chez les enfants. Chaque année, elle côtoie des centaines de parents qui se posent des questions sur la meilleure façon de venir en aide à leur enfant.

LES CONSEILS DE LA D^RE^ LABERGE :

Être le parent d'un enfant qui ne se sent pas bien dans sa peau à cause d'un surpoids, ou encore être le témoin de comportements alimentaires particuliers chez notre enfant représente une source de stress parental. En tant qu'observateur externe, on se sent impuissant, et on peut avoir envie de reprendre le dessus sur la situation. En effet, les études montrent que le sentiment de perte de contrôle, tant chez l'enfant que chez le parent, est associé à de la détresse. C'est à ce moment qu'il vaut mieux prendre une pause et s'interroger sur ce qu'il est possible de faire dans ce contexte. Voici quelques questions que vous pouvez vous poser et quelques réflexions sur le sujet : elles vous permettront d'être mieux outillé pour gérer ces préoccupations et venir en aide à votre enfant.

1. Quel est l'aspect de la situation qui vous inquiète ? Est-ce que l'autre parent partage cette inquiétude ? Est-ce que votre enfant et le reste de la fratrie sont aussi préoccupés par la situation ? Avez-vous déjà vécu une situation similaire ? Que représente une prise de poids pour vous et pour l'autre parent ? Il arrive que certains parents manifestent de l'inquiétude lorsque l'enfant prend du poids. S'il suit sa courbe de croissance, il n'y a pas lieu de s'inquiéter. Si les deux parents ne perçoivent pas la situation de la même manière, une discussion serait la bienvenue. En accordant leurs interventions selon leurs valeurs communes, les parents pourront se sentir épaulés l'un par l'autre au moment de leurs interventions. Il est recommandé, comme pour n'importe quelle situation, que les parents se soient d'abord mis d'accord sur l'attitude à adopter.

2. Les experts s'entendent sur le fait qu'il faut prohiber tout commentaire sur l'image corporelle. Que votre enfant soit préoccupé ou non par son poids, vous ne devriez en aucun cas commenter son corps, le vôtre ou celui de la voisine, parce que vous ne pouvez savoir l'interprétation que votre enfant fera de ces remarques. Il en va de même pour les commentaires sur les portions et la sensation de satiété. Une remarque anodine comme « Ouf, c'était bon, mais j'ai trop mangé ! » risque de placer votre enfant en situation de comparaison. Imaginez-vous à la place de l'enfant : son parent dit avoir « trop mangé » alors qu'il a lui-même consommé une quantité équivalente de nourriture. Ce type de remarque susceptible d'entretenir une forme de comparaison est donc à bannir. Mettez à profit les intérêts de chacun pour aborder, lors des repas, d'autres sujets de conversation qui seront bien plus enrichissants pour tous !

3. Si le poids de votre enfant a connu des fluctuations importantes, que ce soit à la hausse ou à la baisse, son estime de soi peut être fragilisée. L'estime de soi est la valeur que l'on s'attribue en tant qu'individu. Laissez-moi vous présenter une image de ce qu'est une estime de soi fragile en me servant de l'expression populaire « mettre tous ses œufs dans le même panier ». Chacune de nos sphères de vie représente un panier. Pour un enfant d'âge scolaire, il y aurait par exemple un panier pour les résultats scolaires, un pour les relations amicales, un autre pour les sports, un pour l'image corporelle, etc. Imaginons maintenant qu'un panier est percé et que les œufs s'en échappent. Le réflexe sera de fournir davantage d'efforts pour le remplir de nouveau, au détriment des autres paniers. Ainsi, un enfant qui n'aime pas son image corporelle mettrait toute son énergie à tenter de la modifier, négligeant du même coup d'autres sphères qui lui apportaient habituellement de la gratification. Il est recommandé d'entretenir des sphères de vie diversifiées et équilibrées. L'image corporelle ne devrait pas prendre toute la place. Même s'il n'est peut-être pas enthousiaste à l'idée, proposez à votre enfant des sorties, discutez avec lui de ce qu'il aimait faire avant. On peut reprendre d'anciennes activités ou en découvrir de nouvelles, qu'elles soient individuelles, familiales ou sociales.

Et rappelez-vous que si votre inquiétude face à la situation vous paralyse, il peut être aidant d'aller chercher de l'aide auprès de personnes qualifiées. Gardez à l'esprit que ce type de situation est multifactoriel ; il n'y a pas un responsable ou un fautif, il s'agit d'une combinaison de différents facteurs.

LES TROUBLES ALIMENTAIRES

Les troubles alimentaires touchent plus de jeunes que l'on pense. Saviez-vous que plus de 50 % des adolescentes québécoises désirent perdre du poids ? Influencées par les images véhiculées sur les réseaux sociaux, beaucoup de jeunes filles sont insatisfaites de leurs corps et désirent être plus minces.

L'anorexie, l'orthorexie (l'obsession du bien manger), la boulimie et l'hyperphagie peuvent toucher tous les jeunes.

Quelques signes précurseurs qui peuvent indiquer la présence d'un trouble alimentaire :

Démontrer une préoccupation excessive à l'égard de son poids.
Surveiller son apport calorique.
Refuser les sorties au restaurant.
Se donner des règles. Par exemple, s'interdire certains aliments comme le pain, les pâtes, les croustilles et les pâtisseries.
Manger de très petites portions.
Sauter des repas.
Être obsédé par l'exercice. S'entraîner de façon compulsive et exagérée.
S'éloigner de ses amis, s'isoler.
Critiquer sévèrement son corps, se dénigrer.
Vouloir devenir végane (végétalien). Même si l'enfant déclare que c'est pour protéger la planète, on constate que cela cache parfois un trouble alimentaire.

Le poids est un sujet délicat. En voulant aider, il est malheureusement possible de nuire. Un simple commentaire sur le poids, l'image corporelle ou l'alimentation peut avoir de sérieuses répercussions sur l'estime d'un adolescent.

QUELQUES ASTUCES :

→ Ayez une approche douce

Évitez la confrontation, car votre enfant risque alors de se refermer sur lui-même, ce qui peut aggraver son trouble alimentaire.

→ Soyez à l'écoute

Vous devez faire sentir à votre enfant que vous l'écoutez vraiment et que vous êtes présent pour lui. Vous bâtirez ainsi une relation solide et pourrez avancer ensemble dans le processus de guérison. Il faut comprendre les raisons pour lesquelles l'enfant mange ou s'abstient de manger. Y a-t-il des tensions à la maison ? L'enfant est-il victime d'intimidation ? Êtes-vous suffisamment présent pour lui ou êtes-vous trop pris ailleurs ?

→ **Ne parlez pas de régime ou ne commentez pas votre propre poids**

Parler à tout bout de champ de son poids ou être en permanence au régime présente un modèle malsain pour les jeunes. L'incidence des troubles alimentaires est plus élevée dans les familles où la mère est obsédée par son poids ou constamment au régime. Ne passez pas non plus de commentaires sur le corps des autres (personnalités publiques, actrices, etc.) !

→ **Ne gardez pas de balance à la maison**

Se peser chez le médecin de famille suffit. Une balance accessible en tout temps ne peut qu'encourager les pesées fréquentes, ce qui n'est pas recommandé dans le traitement des troubles alimentaires.

→ **Impliquez toute la famille**

Il ne faut pas cacher le problème aux autres enfants. Parlez-en et trouvez des solutions en impliquant tous les membres de la famille.

→ **Faites du repas un moment privilégié**

Prenez le temps de souper en famille tous les soirs. Assurez-vous d'offrir un repas équilibré et mangez lentement, sans distractions. Ne permettez pas aux enfants de quitter la table avant que tous aient terminé.

→ **Discutez de la diversité corporelle**

Montrez à l'enfant les différents visages de la beauté. Apprenez-lui que cette dernière ne se définit pas sur un modèle unique, que l'on parle de poids corporel ou d'origine ethnique.

→ **Cuisinez en famille**

Manger et cuisiner font partie des plaisirs de la vie, une notion souvent oubliée chez les jeunes souffrant de troubles alimentaires. Une fois par semaine, cuisinez en famille en laissant l'enfant choisir les recettes que vous réaliserez. Une belle façon de se reconnecter avec les aliments.

→ **Consultez un spécialiste**

Vous ne pouvez prendre la responsabilité de la guérison de votre enfant seul. Pensez à consulter un psychologue spécialisé qui saura vous appuyer dans votre démarche et accélérer la guérison.

L'AVIS DE NOTRE PSYCHOLOGUE

LES CONSEILS DE LA Dre LABERGE

Les familles qui ont un enfant atteint d'un trouble des conduites alimentaires (TCA) vivent un moment de crise. Si vous suspectez le vôtre de développer ou d'être aux prises avec un TCA, n'hésitez pas à consulter des professionnels qualifiés. L'*American Psychological Association* recommande que la personne soit suivie par un(e) médecin, un(e) nutritionniste, un(e) psychologue. Si la synergie entre tous les professionnels est idéale, certains, faute de budget, pourront opter pour un seul spécialiste, idéalement un psychologue spécialisé. Que votre enfant souffre d'anorexie mentale, de boulimie nerveuse, d'hyperphagie boulimique, ou d'un trouble des conduites alimentaires non spécifié, différents types d'aide s'offrent à lui.

Il peut entreprendre une thérapie individuelle. Il en existe différents types, et parmi ceux-ci, c'est l'approche cognitive et comportementale qui a montré le plus haut taux d'efficacité. Elle a pour but de fournir des informations scientifiques sur le poids (et ses fluctuations normales), ainsi que sur la gestion d'une alimentation saine et variée. La démarche aborde le style alimentaire du jeune, les purges ou l'exercice excessif (si tel est le cas), identifie les facteurs de maintien du trouble et travaille sur l'image corporelle. Les parents sont des accompagnateurs précieux lors de ce genre de thérapie. Un autre type d'aide est la thérapie familiale pour le trouble alimentaire (en anglais *Family Based Therapy*). Ses résultats auprès des jeunes souffrant d'anorexie mentale et de boulimie nerveuse ont aussi démontré leur efficacité. Dans cette approche, les parents sont appelés à agir en tant que responsables de l'alimentation saine de leur enfant. Le thérapeute prend alors le rôle d'un consultant expert qui guide les parents afin de réalimenter leur enfant.

N'oubliez pas que derrière son trouble, votre jeune est toujours là. Les parents et les enfants me rapportent souvent que le trouble alimentaire agit un peu sur eux comme une éclipse. Dans l'œil du parent, le TCA peut masquer l'enfant. Ce dernier ne se sent plus reconnu. Si votre enfant est engagé dans un suivi thérapeutique, il est préférable de ne pas lui poser de questions sur son TCA. Une conversation qu'il amorcera de lui-même sur le sujet sera plus satisfaisante, tant pour son bien-être que pour votre relation.

JETER, COMPOSTER *ou consommer ?*

L'étude comparative *J'aime manger, pas gaspiller Canada* effectuée par le Conseil National Zéro Déchet en 2017 a montré que 63 % de la nourriture que les Canadiens jettent aurait pu être consommée. Pour le ménage canadien moyen, c'est 140 kg de nourriture par année qui était mise à la poubelle (soit plus que le poids d'un panda géant d'âge adulte). La même étude évaluait que ce gaspillage leur coûtait plus de 1 100 $ par année. À l'échelle du Canada, le poids total de nourriture consommable jetée s'élève à 2,2 millions de tonnes par année.

Ces données alarmantes nous ont fait grandement réfléchir. Elles nous ont poussées à trouver et partager des trucs facilement applicables pour diminuer le gaspillage d'aliments à la maison. Vous pourriez garder cette liste bien en vue dans votre cuisine comme aide-mémoire ou vous pourriez choisir un truc et le mettre en pratique durant la semaine. Nous espérons que vous aurez aussi le goût de consulter les références que nous citons pour y découvrir d'autres façons de lutter contre le gaspillage et les intégrer à votre quotidien. Le but ultime est de vous aider à développer une foule de bonnes habitudes pour éviter de mettre au rebut des aliments qui pourraient être consommés.

AVANT DE FAIRE LA LISTE D'ÉPICERIE, VÉRIFIEZ LE CONTENU DU RÉFRIGÉRATEUR ET DU GARDE-MANGER.

Les légumes et les fruits sont les aliments les plus gaspillés. Soyez créatifs en cuisinant ou en conservant ceux que vous n'avez pas consommés durant la semaine.

→ **Ayez sous la main des recettes de potages pour ne pas perdre les légumes restants.** Voici une recette toute simple : Dans un grand chaudron, faire chauffer 15 ml d'huile. Faire sauter un oignon haché. Ajouter 1 litre de bouillon de légumes, de poulet ou de bœuf, deux pommes de terre coupées en dés et 1 litre de légumes (crus ou rôtis) en morceaux. Porter à ébullition. Baisser le feu, couvrir et laisser mijoter pendant 20 minutes ou jusqu'à ce que les légumes soient très tendres. Mettre en purée au mélangeur ou avec un pied mélangeur. Les potages se conservent 2 à 3 jours au réfrigérateur et 2 à 3 mois au congélateur. Pour une recette de tous les jours, ajoutez-y du yogourt grec, de la boisson végétale enrichies ou du lait ; pour les grands jours, préférez une touche de crème.

→ **Voici un truc pour conserver plus longtemps les légumes :** Couper en gros morceaux les légumes crus restants, les enrober d'un peu d'huile d'olive, saler, poivrer et les faire cuire au four 20 à 30 minutes à 400 °F ou jusqu'à ce qu'ils soient tendres. Mettre les légumes dans un contenant allant au congélateur, ils se conserveront de 2 à 3 mois. Vous aurez des légumes en réserve pour accompagner vos repas ou vous pourrez préparer éventuellement un délicieux potage de légumes rôtis !

→ **Congelez les légumes et les fruits restants, si possible, pour une utilisation future.** Pour ce faire, lavez-les (il est préférable de blanchir certains légumes), asséchez-les, étalez-les sur une plaque et faites-les congeler. Ensuite, transférez-les dans un sac en plastique réutilisable ou un contenant ayant un couvercle. En règle générale, ils se conservent un an au congélateur.

→ **Avec les bananes très mûres, cuisinez et congelez des muffins ou du pain aux bananes en prévision des lunchs et des déjeuners sur le pouce.** Avant de les congeler, pensez à couper en tranches les pains aux bananes et enveloppez-les en portions individuelles. Ils se conservent environ 3 mois au congélateur.

→ **Congelez les bananes entières avec la pelure, c'est ce que l'on fait quand on est pressé !** Au moment de les cuisiner, faites-les dégeler légèrement au four à micro-ondes avant de les peler à l'aide d'un couteau.

→ **Faites un granola à partir de purée de bananes.** En voici une recette : Préchauffer le four à 350 °F, dans un bol, mélanger 250 ml de bananes réduites en purée, 30 ml d'huile de canola, 500 ml de flocons d'avoine, 125 ml de noix entières, 60 ml de noix de coco râpée non sucrée, 2 ml de cannelle moulue (ou plus, au goût), une pincée de muscade moulue et 2 ml de gingembre frais haché finement (facultatif). Étendre le mélange sur une plaque à biscuits recouverte de papier parchemin ; pour une version sucrée, saupoudrer d'un peu de sucre d'érable ou de cassonade. Cuire 20 minutes en mélangeant à mi-cuisson, éteindre le four, brasser à nouveau et laisser sécher dans le four 20 minutes de plus. Le granola bien refroidi se conserve au congélateur dans un pot en verre fermé pendant 6 mois. Afin de conserver sa fraîcheur, prendre seulement la petite portion nécessaire lorsque désirée et conserver le reste au congélateur. Au moment de servir, ajouter un peu de graines de chanvre, de lin moulues, de chia moulues ou de caméline pour augmenter l'apport en fibres et en oméga-3.

→ **Servez les fruits restants et endommagés en morceaux, saupoudrez-les d'épices ou garnissez-les d'un filet de chocolat noir fondu, ils seront plus attrayants.**

→ **Congelez les fruits qui risquent de se perdre en les pelant et les coupant préalablement.** Vous pourrez ensuite les transformer en sorbet en les réduisant en purée avec un peu de yogourt grec et de jus de citron à l'aide d'un robot culinaire.

→ **Préparez une salade de fruits avec les fruits restants.** En 5 minutes, le samedi matin, pour faire changement de la routine ou encore pour amuser les enfants lors de la collation, il est facile de couper les fruits, puis de les mettre dans un bol avec un peu de miel, du jus de lime et une pincée (ou deux) de cardamome.

AVANT DE FAIRE LA LISTE D'ÉPICERIE, RÉVISEZ VOTRE MENU !

→ **Modifiez les menus présentés dans ce livre en fonction de votre agenda familial !** Nous savons pertinemment que certaines journées sont beaucoup plus occupées que d'autres. Dans ces cas, ajustez le menu en faisant à l'avance certaines étapes de la recette proposée. Vous pouvez aussi répartir les tâches entre tous les membres de la famille ou prévoir de faire une recette qui n'a plus de secrets pour vous. Si vous n'ajustez pas votre menu, il se peut que vous ne fassiez pas la recette prévue par manque de temps. Par conséquent, les aliments risquent de ne pas être cuisinés et de finir dans la poubelle ou le compost !

→ **Élaborez votre menu en fonction des aliments restants.** Question de salubrité, il faut penser à les cuisiner et les consommer en premier.

→ **Le conseil ci-dessus vaut aussi pour les aliments les plus périssables, qui doivent être cuisinés en premier.** Vous avez sûrement remarqué que nous proposons des recettes de poissons, viandes et volailles au début de la semaine et des recettes de légumineuses, de tofu et de « sans-viande » haché à la fin de la semaine.

→ **Faites une liste d'épicerie qui représente votre consommation réelle.**

→ **Notez pendant quelques semaines les raisons pour lesquelles vous avez jeté ou mis au compost certains aliments.** Était-ce des achats impulsifs ? Est-ce parce que vous changez le menu à la dernière minute, laissant ainsi des aliments non préparés dans le réfrigérateur ? Est-ce que vous achetez en trop grande quantité au lieu de vous limiter à la quantité requise pour la recette ? Est-ce parce que vous ne conservez pas les aliments de façon adéquate ? Etc. Après avoir noté vos observations, trouvez des solutions pour éviter que cela se produise à nouveau. Une diététiste-nutritionniste peut vous aider dans votre démarche.

AVANT DE FAIRE L'ÉPICERIE, UN PETIT PLUS !

Vérifiez si certains aliments figurant sur votre liste d'épicerie sont en vedette sur des applications comme Flashfood et FoodHero. Ces aliments sont mis en vente à rabais par les épiciers puisqu'ils devront s'en départir prochainement. Si vous décidez de les acheter, assurez-vous de les consommer dans les jours suivants ou prévoyez du temps pour les cuisiner afin de les conserver adéquatement. Ces applications ont été créées afin de réduire le gaspillage alimentaire en épicerie.

À L'ÉPICERIE, SOYEZ CRITIQUES...

→ **Achetez seulement ce qui est inscrit sur votre liste d'épicerie (nous ne le répéterons jamais assez).** Cependant, certains rabais sur les aliments non périssables peuvent être très profitables. Pour vous aider à faire des choix sensés, prenez une photo de votre garde-manger, de votre réfrigérateur et de votre congélateur avant de partir à l'épicerie et consultez-les au besoin !

→ **Achetez en vrac (pensez à amener vos sacs de tissus ou vos contenants) pour choisir la quantité désirée ou demandez des plus petits emballages de fruits, de légumes, de viandes, etc. afin d'éviter les surplus.**

→ **Demandez, sur place, à faire couper le melon ou le chou si vous ne pensez pas le manger en entier.**

→ **Vérifiez particulièrement la date de péremption sur les emballages des aliments qui se vendent en grand volume et que vous consommez en petite quantité ou peu souvent.** Si celle-ci est proche ou si l'aliment risque de se détériorer avant que vous puissiez le cuisiner, demandez s'il se vend en vrac ou substituez-lui un aliment semblable que vous consommez plus régulièrement.

→ **Achetez sans crainte un aliment légèrement abîmé si vous prévoyez le consommer rapidement.** Vous pouvez également modifier la séquence de votre menu pour le cuisiner en premier. Si ce n'est pas possible, préférez-lui un autre aliment semblable.

À LA MAISON, SOYEZ PROACTIFS ET VIGILANTS...

→ **Gérez les surplus de mets cuisinés la journée même.** Après les repas, demandez-vous si vous allez manger les restes d'ici deux jours. Si ce n'est pas le cas, emballez-les en portions individuelles ou en portions familiales pour les lunchs ou les prochains repas et conservez-les au congélateur. Inscrivez le contenu et la date sur les contenants.

→ **Gérez les surplus d'ingrédients la journée même.** Après avoir cuisiné, demandez-vous si vous allez consommer les ingrédients qui n'ont pas été utilisés dans la recette. Si ce n'est pas le cas, est-il possible de les congeler, de les réfrigérer longuement ou de les déshydrater ?

→ **Inscrivez la date d'ouverture sur les contenants comme le yogourt, les vinaigrettes, les pestos, les bouillons, etc.**

→ **Utilisez le Thermoguide du MAPAQ pour connaître la durée d'entreposage des aliments périssables et moins périssables.** Le Thermoguide est un outil en ligne gratuit : https://www.mapaq.gouv.qc.ca/fr/publications/thermoguide.pdf.

→ **Gardez en tête que la date de péremption est un gage de fraîcheur et non de salubrité. On définit la date de péremption comme étant la période, avant l'ouverture du produit, durant** laquelle l'aliment devrait conserver toutes ses propriétés organoleptiques, par exemple sa texture et sa couleur, à condition qu'il ait été conservé dans les conditions prévues par le fabricant.

→ **Utilisez le feuillet « Meilleur avant, bon après? »** pour vous remémorer les aliments qui devraient être consommés avant la date « meilleur avant » et ceux qui peuvent être consommés après la date « meilleur avant » s'ils ne sont pas altérés. Ce feuillet est un outil indispensable dans la cuisine pour éviter le gaspillage alimentaire. Il est disponible gratuitement en ligne : https://www.mapaq.gouv.qc.ca/fr/Publications/Meilleuravant_Bonapres.pdf.

→ **Lavez les fruits et les légumes qui ont été en contact avec un aliment moisi.** Asséchez-les bien et remettez-les au réfrigérateur dans un sac ou un contenant propre. Si c'est un aliment dur (comme une carotte ou un fromage à pâte ferme), on peut consommer la partie à 2,5 cm (1 pouce) de la partie moisie. S'il est mou (comme une pêche ou du yogourt), on doit le jeter, car les moisissures se propagent plus facilement dans ce type d'aliment.

→ **Plongez les légumes flétris dans l'eau glacée pendant 5 à 10 minutes pour les revigorer.**

→ **Pensez à utiliser un déshydrateur.** Cette méthode de conservation est particulièrement intéressante au moment des récoltes, quand il est tentant d'acheter de grandes quantités de légumes et de fruits frais au marché. Vous pouvez partager les achats d'aliments avec vos amis si les quantités sont trop importantes. Vous pouvez aussi répartir les tâches !

→ **Consultez le site « J'aime manger, pas gaspiller Canada » pour une foule d'informations, entre autres sur la planification des achats et la congélation des aliments : https://lovefood-hatewaste.ca.**

→ **Placez les viandes, volailles et poissons crus dans le bas du réfrigérateur.** De cette façon, si leur jus s'écoule, on évite de contaminer une foule d'aliments.

→ **Fermez le clapet d'un des tiroirs du réfrigérateur pour y garder l'humidité.** Dans celui-ci, on peut placer les légumes feuillus, le brocoli, les carottes, et d'autres légumes qui flétrissent facilement puisqu'ils nécessitent beaucoup d'humidité. Dans l'autre tiroir, ouvrez partiellement le clapet afin de contrôler le mûrissement de certains fruits et légumes comme les pommes, les poires, les pêches et les champignons.

→ **Réglez la température de votre réfrigérateur entre 0 °C et 4 °C et celle de votre congélateur à -18 °C pour maximiser la conservation des aliments.**

→ **Placez les bouquets de fines herbes fraîches dans un verre d'eau que vous pouvez laisser sur le comptoir en changeant l'eau tous les jours.** De cette façon, vous conserverez les fines herbes fraîches plus longtemps et ça donnera une touche de couleur à votre cuisine !

Chaque action compte et chacune d'elle a un impact positif non seulement sur votre portefeuille, mais également sur l'environnement, ce qui est d'une importance majeure. Vous mettez peut-être déjà en place quelques-uns de ces trucs et nous vous en félicitons ! Continuez vos efforts et partagez vos astuces avec vos proches afin de les encourager à emboîter le pas. Le gaspillage alimentaire peut être évité avec de petits gestes simples au quotidien.

MANGER *sans stress*

MON ENFANT N'A PAS D'ALLERGIES ALIMENTAIRES, ALORS...

La majorité des écoles primaires du Québec ne permettent pas de consommer des noix, des arachides et d'autres aliments pouvant provoquer des réactions allergiques. En tant que parents d'enfants n'ayant pas d'allergies alimentaires, c'est souvent la seule mesure dont nous entendons parler afin de protéger les enfants allergiques.

Pourtant, en 2017, la Commission scolaire de Montréal a décidé de supprimer cette interdiction. Elle mise, entre autres, sur la sensibilisation et l'éducation des familles n'ayant pas d'allergies alimentaires. Pour cela, elle fait connaître des gestes simples qui peuvent rendre le moment des collations et des repas le plus sécuritaire possible.

1. LAVER SES MAINS

Lequel de ces gestes est le plus efficace : gel antiseptique, lingette nettoyante ou eau savonneuse ?
De toutes petites particules de nourriture peuvent provoquer une réaction sévère chez une personne qui est allergique. Alors, pour éviter de les répandre, le lavage des mains est nécessaire avant et après les repas et les collations.

Dans le sac à lunch, les gels antiseptiques à base d'alcool sont très populaires. Adéquatement utilisés, il est vrai qu'ils sont très efficaces pour éliminer les virus. Malheureusement, ils n'enlèvent pas les allergènes sur les mains.

Si votre enfant n'a pas accès à un lavabo et du savon après avoir mangé, il est préférable d'utiliser des lingettes nettoyantes de type Wet Ones. En effet, elles sont reconnues pour faire disparaître les allergènes sur les mains.

Une des meilleures solutions pour supprimer les allergènes est un lavage de mains efficace avec de l'eau tiède et du savon. Il est important d'apprendre à votre enfant à se laver les mains correctement. Cela se fait en 5 étapes :

1. Mouiller les mains sous l'eau tiède.
2. Mettre du savon.
3. Savonner les mains pendant au moins 20 secondes en frottant entre les doigts, sur le dos et la paume des mains.
4. Rincer à l'eau tiède.
5. Sécher.

2. LIMITER LE PARTAGE

La majorité des enfants savent qu'ils ne doivent pas partager leur nourriture avec leurs amis. Il faut également leur rappeler qu'ils devraient aussi s'abstenir de prêter leurs contenants, leurs ustensiles, leur paille, leur napperon, enfin, tout ce qui aurait pu être en contact avec de la nourriture.

3. GARDER SON ESPACE PROPRE

Entre chaque bouchée, si l'enfant veut déposer sa nourriture, il devrait la remettre dans son contenant ou la déposer sur une serviette de table ou un napperon. Il faut éviter de la mettre directement sur la table. Après le repas, il serait préférable de nettoyer son espace. Les lingettes nettoyantes de type Chlorox ou Lysol semblent être les plus efficaces pour ce faire.

4. VOYAGER EN AUTOBUS…

À la fin de la journée de classes, il peut rester quelques aliments non consommés dans la boîte à lunch. L'enfant pourrait être tenté de les consommer durant le trajet en autobus scolaire. Encouragez votre enfant à les manger à son retour à la maison.

Il est vrai qu'on ne peut pas éviter tous les risques de réaction allergique. Cependant, en partageant avec votre enfant ces façons de faire, il pourra se sentir fier de contribuer à établir un environnement plus sécuritaire, dans la mesure du possible, pour les enfants allergiques.

AUX REPAS ET AUX COLLATIONS

- Utiliser des sacs réutilisables attrayants pour contenir les lingettes nettoyantes.
- De temps à autre, mettre dans la boîte à lunch un pictogramme décrivant les étapes du lavage des mains (qu'on peut trouver sur internet) et y ajouter une petite note personnelle comme « Bravo ! Tu es un héros pour ton ami en te lavant bien les mains. »
- Inviter l'enfant à choisir quelques essuie-tout en tissu dans une boutique locale pour en faire des napperons.
- Écrire, à l'occasion, une petite note pour rappeler à l'enfant de manger les aliments restants de sa boîte à lunch une fois rendu à la maison et non dans l'autobus. « S'il te reste des aliments dans ta boîte à lunch à la fin de la journée, ce n'est pas grave. Écoute les signaux que t'envoie ton bedon ! Tu pourras les manger une fois rendu à la maison si tu as faim. »

/ / /

MON ENFANT N'A PAS TOUCHÉ À SON REPAS, ALORS...

Prenez de grandes respirations, ne réagissez pas et observez ! Pour vous rassurer, gardez en tête ces deux informations importantes : la première est que la majorité des enfants écoutent leurs signaux de faim et de satiété. La deuxième est que l'adulte a la responsabilité d'offrir des aliments variés pour stimuler le plaisir de manger, développer de saines habitudes alimentaires et combler les besoins nutritionnels de l'enfant, mais qu'il n'a pas de pouvoir sur la quantité de nourriture ingurgitée par l'enfant!

QU'EST-CE QUI INFLUENCE SON APPÉTIT ?

Chaque enfant a un appétit qui varie d'un jour à l'autre et même d'un repas à l'autre. De nombreux facteurs sont à prendre en compte : la faim, la satiété, l'activité physique, la fatigue, l'excitation du moment, la soif, la croissance, la médication... Il y a autant de raisons qu'il y a d'enfants ! C'est pourquoi il est important d'observer pour comprendre ce qui pousse l'enfant à ne pas manger au repas.

ON OBSERVE...

Au départ, le parent dit : « Il arrive souvent que mon enfant ne mange pas au souper ».
Après une observation attentive : Quand le pâté chinois, les pâtes alimentaires et le poulet cacciatore sont au menu du dîner du service de garde, mon enfant n'a pas faim au souper. Il mange quelques bouchées de légumes et son dessert.

Au départ, le parent dit : « Certains jours, mon enfant mange trop. Il vide le contenu de sa boîte à lunch en arrivant de l'école, mange tout son souper et prend en plus une collation en soirée. »

Après une observation attentive : En période d'examens, la boîte à lunch de mon enfant revient pleine, car il est anxieux. En revanche, ces jours-là, il en dévore tout le contenu dès son arrivée à la maison, il mange à sa faim au souper et il termine la soirée avec une collation puisqu'il n'a pas pris son dessert.

LA RESPONSABILITÉ DE L'ENFANT : RESPECTER SES SIGNAUX DE FAIM ET DE SATIÉTÉ

Pour « ne pas réagir » et s'abstenir de forcer l'enfant à manger, il faut avoir confiance en la capacité de l'enfant à reconnaître ses signaux de faim et de satiété. Lorsqu'un bébé naît, il est « programmé » pour les reconnaître, mais dès un très jeune âge, il peut perdre cette perception. Ainsi, le parent qui force l'enfant à boire tout le contenu de son biberon ou qui insiste pour qu'il termine son assiette ouvre la porte à de mauvaises habitudes alimentaires et à un risque accru de maladies chroniques comme l'obésité, les maladies cardiovasculaires, le diabète, etc.

LES RESPONSABILITÉS DE L'ADULTE : LE QUOI, LE QUAND ET LE OÙ

Le concept du partage des responsabilités est simple et il a fait ses preuves depuis plus de 20 ans. Élaboré par Ellyn Satter, nutritionniste et psychothérapeute américaine, son objectif est de réduire les conflits face à l'alimentation et de promouvoir un poids santé.

L'adulte est responsable des aliments servis (QUOI), du moment où ils seront servis (QUAND) et de l'endroit où ils seront servis (OÙ). L'enfant quant à lui est en tout temps responsable de la quantité qu'il mange (COMBIEN).

L'adulte ne devrait pas craindre que son enfant manque de nutriments s'il lui offre, aux repas et aux collations, une variété d'aliments nutritifs. Même si l'enfant ne mange pas son brocoli au dîner, l'adulte a la responsabilité de lui offrir à la collation ou au prochain repas un aliment tout aussi nutritif, comme les haricots verts qu'il aime tant.

L'ADULTE SENSIBLE AUX SIGNAUX DE FAIM ET DE SATIÉTÉ

Reconnaissez-vous les signaux de faim et de satiété de votre enfant?

Signaux de faim :

→ Il est moins patient.
→ Il est irritable.
→ Il a plus de difficulté à rester concentré.
→ Il offre son aide pour faire le repas.
→ Il demande une collation.
→ Il a une baisse d'énergie.
→ Son ventre gargouille.
→ Il dit que son ventre est vide.
→ Il a mal au ventre.

Signaux de satiété :

→ Il mange moins vite.
→ Il ne se concentre plus sur son assiette.
→ Il dit qu'il n'a plus faim.
→ Il joue avec sa nourriture.
→ Il veut se lever et jouer.

Parfois, certains adultes ont de la difficulté à reconnaître et à respecter leurs propres signaux de faim et de satiété. Dites-vous que votre faim est comblée lorsque les signaux disparaissent et que vous vous sentez bien. Par contre, si vous mangez au-delà de votre faim, vous vous sentirez inconfortable.

AUX REPAS ET AUX COLLATIONS

- Si votre enfant est anxieux en période d'examens, assurez-vous de remplir sa boîte à lunch d'aliments protéinés, de grains entiers, de légumes et de fruits. Cependant, demandez-lui sous quelle forme il aimerait mieux les consommer. Par exemple, préfère-t-il un sandwich ou des noix ; une tartinade de tofu et des craquelins; une pomme ou une compote de pommes; des crudités ou un jus de légumes; du yogourt ou une boisson de soya enrichie; etc.
- Si votre enfant a mangé un lunch copieux, pensez à lui offrir au souper de plus petites portions, puis, s'il en redemande, demandez-lui de réévaluer sa faim. Encore mieux, laissez-le se servir lui-même en lui recommandant d'estimer sa faim au préalable et de se servir en conséquence.
- Au lieu d'offrir une récompense sous forme d'aliment, invitez votre enfant à choisir un nouveau contenant ou un nouveau sac réutilisable en tissu pour y mettre ses aliments.

CAS PARTICULIER : MÉDICATION COUPANT LA FAIM

Il est fréquent que la médication prescrite pour le trouble de déficit de l'attention coupe la faim. Les journées se suivent et se ressemblent : l'enfant déjeune peu. À l'heure du lunch, il repousse son repas et il prend juste quelques bouchées des collations de la journée. Quand vient le souper, il mange son repas et il vous demande une collation avant l'heure du coucher.

CROISSANCE !

Certains pourraient penser qu'il ne faut pas intervenir même si l'enfant saute tous les jours un repas, car ils se disent que tant qu'il bouge et qu'il a l'air en santé, tout va bien. Mais c'est oublier qu'un enfant a non seulement besoin de suffisamment d'énergie pour ses activités quotidiennes, mais qu'il en a également besoin pour sa croissance. C'est pour cette raison qu'il est important de mesurer le poids et la taille de l'enfant à chaque visite médicale.

AVOIR UNE IDÉE PRÉCISE DE CE QU'IL FAUT FAIRE

Une diététiste-nutritionniste évalue l'écart entre les besoins nutritionnels et les apports alimentaires de votre enfant. Vous aurez une idée plus précise des manques relatifs aux apports en énergie et en nutriments de votre enfant. Donc, au lieu d'intégrer des aliments à l'aveugle, vous en bonifierez ou en ajouterez certains qui vous permettront d'atteindre l'énergie ou les nutriments manquants.

QUOI FAIRE : PRINCIPES DE BASE

Si votre enfant saute un repas tous les jours, vous serez peut-être tenté de lui offrir tous les aliments qu'il désire au moment qu'il choisit. Ce n'est pourtant pas la chose à faire. Les principes de base restent les mêmes : l'adulte est responsable du choix des aliments, du moment et de l'endroit où ils seront servis. L'enfant est responsable de la quantité qu'il consomme en reconnaissant et en écoutant ses signaux de faim et de satiété et l'adulte s'engage à les respecter.

QUI EST LE MIEUX OUTILLÉ POUR CHOISIR : L'ENFANT OU LE PARENT ?

Les collations ont deux rôles : soutenir jusqu'au prochain repas et apporter l'énergie et les nutriments que les repas n'ont pas réussi à combler. Donc, un enfant qui ne consomme pas un repas devrait se voir offrir une ou des collations suffisantes en énergie et en nutriments pour combler ses besoins nutritionnels quotidiens.

Les aliments offerts à la collation ne sont pas choisis au hasard. En ayant une vision globale de ce que son enfant a mangé tout au long de la journée et avec ses connaissances en nutrition, le parent est le mieux outillé pour choisir les aliments d'une collation qui combleront les besoins nutritionnels du repas qui n'a pas été pris. Cela étant dit, l'adulte peut proposer des choix à son enfant. Par exemple, s'il sait que celui-ci n'a pas mangé son sandwich au dîner, il peut lui offrir en collation des craquelins de grains entiers avec une garniture de légumineuses ou une tartine de beurre d'arachide.

AJOUTER OU ENRICHIR ?

Le parent pourra offrir des aliments supplémentaires à la collation. Habituellement, celle du soir est la plus propice à l'ajout d'aliments puisque la faim est souvent plus présente à ce moment. Celle prise en arrivant de l'école est aussi importante puisque, selon les familles, c'est un moment où l'enfant a faim. Si l'adulte sait qu'il n'a pas consommé son dîner, il doit s'assurer d'offrir les aliments nutritifs qui n'ont pas été ingérés alors, comme les légumes, les fruits, les protéines, les grains entiers, etc.

Cependant, certains enfants manquent d'appétit peu importe le moment de la journée; il est donc difficile d'ajouter des aliments à leur menu. Le parent devra alors enrichir la petite quantité d'aliments consommés. L'idée est d'offrir le plus d'énergie et de nutriments possible dans cette quantité. On peut enrichir des aliments avec de la poudre de lait, du beurre, de la crème, de l'huile, de la poudre de noix, d'arachide ou de graines, ou de la purée de légumineuses, etc.

Voici quelques idées :

Ajouter au menu

→ Yogourt à plus de 9 % de M.G.
→ Trempette de légumineuses avec les crudités
→ Trempette sucrée avec les fruits

Garnir les aliments

→ Les desserts au lait ou à la boisson végétale avec du granola
→ La viande avec des sauces
→ Les légumes avec des noix ou des graines

Ajouter aux aliments

→ Crème et beurre dans la portion de pommes de terre en purée
→ Huile sur les pâtes alimentaires avant d'y ajouter la sauce
→ Poudre d'amande dans les recettes de muffins, de pains, de galettes, etc.
→ Lait enrichi : Dans un pichet, mélanger 60 ml (¼ de tasse) de poudre de lait à 1 litre (4 tasses) de lait à 3,25 % de M. G.

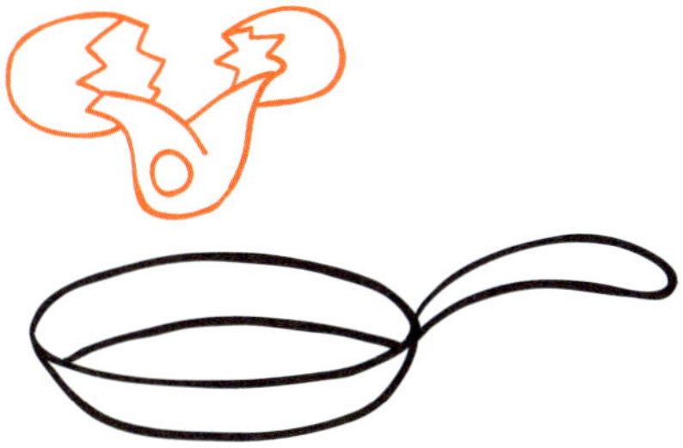

DÉJEUNER

Le déjeuner est un bon moment pour offrir des aliments nutritifs; chez les enfants qui prennent une médication, la faim se fait habituellement sentir le matin, puisque la médication n'est pas active. Pensez à enrichir ou à ajouter des aliments pour bonifier la valeur nutritive de ce repas.

Quelques idées :

→ Ajouter des noix et des fruits séchés aux céréales.
→ Offrir une trempette (tofu soyeux mou, sirop d'érable et cannelle) pour tremper les fruits.
→ Mettre de la poudre de lait ou de légumineuses dans une recette de crêpes.
→ Ajouter des amandes ou des légumineuses séchées aux muffins.
→ Proposer des œufs en sandwich ou en omelette.

ATTENTION AU CHOIX DES MOTS

Il est certain que l'enfant verra que son alimentation est légèrement différente de la vôtre. Il vous posera peut-être certaines questions à ce sujet. Au lieu de lui répondre que les ajouts que vous lui proposez vous feraient engraisser, répondez-lui plutôt que cette alimentation lui permettra de continuer de jouer et de grandir !

CONSULTEZ

Il est important de consulter le médecin de votre enfant et de lui poser des questions sur sa courbe de croissance, surtout si vous avez des inquiétudes à ce sujet. Allez aussi voir une diététiste-nutritionniste si vous avez des questions. Elle pourra vous aider à intégrer les aliments qui aideront votre enfant à atteindre son plein potentiel.

MON ENFANT REFUSE LES ALIMENTS AVANT MÊME D'Y AVOIR GOÛTÉ, ALORS…

Certains enfants ont peur de goûter à de nouveaux aliments ; on appelle cela la néophobie alimentaire. Ce phénomène normal est souvent observé chez les enfants dès l'âge de 2 ans et peut continuer à se manifester jusqu'à la fin de l'adolescence. Une stratégie pour diminuer progressivement cette réticence consiste à multiplier les occasions de goûter à ces aliments et à les présenter de manière positive.

LES MÊMES PRINCIPES DE BASE

Que votre enfant soit porté à goûter à tous les aliments ou que ce soit l'inverse, les principes de base restent les mêmes : l'adulte est responsable du choix des aliments, du moment et de l'endroit où ils seront servis. L'enfant est responsable de la quantité qu'il consomme en reconnaissant et en écoutant ses signaux de faim et de satiété et l'adulte se doit de les respecter. Pour plus de détails, référez-vous au texte de la page 41 sur le sujet.

CE QUI INCITE À GOÛTER

Avec le temps, vous reconnaîtrez les aliments appréciés par votre enfant. Par exemple, s'il aime les carottes cuites, la banane, la mangue et le fromage, vous pourrez en déduire qu'il apprécie les aliments faciles à mastiquer. La pêche, bien mûre, est un fruit que vous pourriez essayer d'introduire dans son alimentation. Pour rendre cette première expérience rassurante, vous pourriez lui proposer en l'accompagnant d'un aliment qu'il connaît, par exemple, en mettant le morceau de pêche avec des morceaux de mangue. Pour faire en sorte que la pêche ressemble à la mangue, vous pouvez la peler et la couper de la même façon. Mais attention ! soyez claire avec votre enfant. S'il vous demande lesquels des morceaux sont de la mangue ou de la pêche, dites la vérité. Pas de mensonge ! Assurez-vous aussi que l'ambiance des repas ou de la collation soit détendue. Dégustez en compagnie de votre enfant les aliments nouveaux, en démontrant votre appréciation : « Hmmmm, c'est bon ! » ou « Cette pêche est sucrée et tendre! » Vous êtes un modèle pour votre enfant. Être présent et manger le même aliment est sans conteste rassurant et agréable pour lui. Lors de la première expérience, vous pourriez lui en offrir un morceau et, s'il le mange, lui en proposer un second. S'il refuse, n'en faites pas une histoire, vous vous reprendrez la prochaine fois ! Permettez-lui de sentir le morceau de pêche, de le toucher avec un ustensile ou avec ses doigts. Vous pouvez placer devant lui une petite serviette de table et lui donner le droit d'y cracher l'aliment s'il ne veut pas l'avaler. Tout doit se faire dans le calme et la bienveillance. Chaque enfant est différent, alors adaptez votre approche. Selon la tolérance de votre enfant face à la nouveauté ; vous pouvez tenter d'offrir plusieurs morceaux de pêche ou laisser la peau ou la couper différemment de la mangue... Faites-vous confiance ! Vous êtes la personne qui connaît le mieux votre enfant.

Soyez patient ! Offrez fréquemment de la nourriture variée et nutritive dans un environnement réconfortant et positif. Ainsi, vous augmenterez les chances que votre enfant soit réceptif à l'essai de nouveaux aliments.

AUX REPAS ET AUX COLLATIONS

- Offrir un seul choix : c'est le rôle de l'adulte de décider ce qui sera servi, et non celui de l'enfant.
- Respecter les goûts de l'enfant : il peut en manger ou non.
- Lui permettre d'explorer : il peut regarder l'aliment, le sentir, le mesurer, le couper, le mélanger, l'écraser ou le toucher avec ses mains ou un ustensile, le pousser avec sa fourchette, etc.
- Le laisser se salir : n'essuyez pas tout de suite ses mains et son visage pour qu'il tolère un aliment sur sa peau.
- Respecter son rythme d'exploration : il peut en mettre dans sa bouche sans l'avaler (offrir une serviette de table pour qu'il recrache discrètement).
- Donner l'exemple : l'adulte goûte et mange avec l'enfant.
- Se concentrer sur le plaisir d'être ensemble à table et non pas sur la quantité de nourriture ingérée.
- S'assurer que l'ambiance est conviviale : pas de pression ni de chantage à table.
- Lâcher prise : garder en tête le rôle de l'adulte et celui de l'enfant.
- Offrir une grande variété de légumes, de fruits, d'aliments protéinés et de grains entiers.
- Proposer le même aliment sous différentes formes: cru, cuit, coupé, entier, en compote, pelé ou avec la pelure, etc. Il faut retenir que s'il est servi différemment, c'est un nouvel aliment pour l'enfant.
- Cuisiner de nouveaux mets en incluant un aliment connu pour rassurer l'enfant.
- Donner de petites portions ou permettre à l'enfant de se servir lui-même en lui laissant le temps d'évaluer sa faim : il vaut mieux se resservir deux fois.
- Instaurer au moins une bonne habitude : manger tranquillement.
- Récompenser les bons comportements sans faire allusion aux quantités consommées : « Bravo, tu es habile avec ta fourchette ! »
- Aider son enfant à trouver des mots pour exprimer ce qu'il aime ou n'aime pas, pas seulement un « beurk, ce n'est pas bon ! », mais plutôt « Je n'aime pas, car c'est trop juteux et ça me salit les mains ». De cette façon, on peut plus facilement comprendre pourquoi l'enfant n'aime pas l'aliment. C'est aussi moins décourageant pour la personne qui a cuisiné !
- Exprimer ses goûts personnels et encourager le dialogue avec l'enfant... et pas seulement sur des sujets comme la nourriture et les bonnes manières à table !
- Cuisiner avec son enfant. C'est toujours plus invitant de goûter à ce que l'on a préparé ! Et plus l'enfant est en contact de différentes façons avec les aliments, plus ils deviennent familiers, et il sera plus ouvert à y goûter.

MON ENFANT DOIT SE CONCENTRER À L'ÉCOLE, ALORS...

Il y a une multitude de choses à mettre en place pour aider votre enfant à se concentrer et à être disposé à apprendre. Les intervenants scolaires font souvent plusieurs recommandations en ce qui concerne l'espace de travail, le temps d'écran, les distractions, etc. Il est vrai également que l'enfant doit dormir suffisamment et qu'il doit pratiquer au moins 90 minutes d'activité physique par jour. Côté alimentation, chaque repas et chaque collation a un impact bien particulier sur la concentration.

PETIT DÉJEUNER

Un petit déjeuner équilibré aide à la concentration et à une meilleure performance scolaire. Dans les faits, il se peut que votre enfant ait un petit appétit au réveil. Une des solutions possibles est de lui proposer un déjeuner « fractionné ». Il suffit de lui offrir une petite partie d'une variété d'aliments au déjeuner et d'emballer le reste pour qu'il le mange plus tard, soit à son arrivée à l'école ou au moment de la collation de l'avant-midi.

BOÎTE À LUNCH ET SOUPER

Manger à sa faim et prendre des repas de façon régulière aident à combattre la fatigue. Il est aussi important d'inclure des aliments contenant du fer dans tous les repas et même dans les collations, surtout si votre enfant a un petit appétit.

Une carence en fer peut nuire à la performance scolaire en diminuant la capacité à se concentrer et en augmentant la fatigue. Le fer provenant des aliments d'origine animale (viandes, volailles, poissons, etc.) s'absorbe mieux que celui provenant des végétaux (céréales pour bébé, céréales à déjeuner, légumineuses, etc.). Il est aussi recommandé de consommer des aliments riches en vitamine C (fraises, oranges, poivrons, tomates, etc.) pour améliorer l'absorption du fer.

COLLATIONS NUTRITIVES

Pour bien fonctionner, le cerveau a besoin de glucides. Quels types d'aliments contiennent principalement des glucides ? Les fruits et les produits céréaliers de grains entiers (ça tombe bien, ces derniers contiennent aussi du fer !). Quant aux protéines, elles ont des fonctions très diverses dans le corps, tout en nous soutenant jusqu'au prochain repas : il est donc intéressant d'incorporer des aliments protéinés dans la collation.

L'HYDRATATION

Une dernière petite chose : pour être bien concentré, l'hydratation doit être adéquate. Il faut donc vous assurer que votre enfant consomme une quantité suffisante d'eau chaque jour. Vous pouvez l'encourager à se rendre à la fontaine ou glisser une gourde d'eau bien fraîche dans son sac chaque matin.

AUX REPAS ET AUX COLLATIONS

- À l'enfant qui a un petit appétit le matin, proposez un petit déjeuner « fractionné » : avant le départ pour l'école, offrez-lui une petite partie d'un muffin maison contenant des graines de chia, que vous accompagnerez de quelques morceaux de fraises et de noix; à l'arrivée à l'école ou lors de la collation de l'avant-midi, prévoyez un contenant de lait ou de boisson végétale enrichie et l'autre partie du muffin.
- Pour l'enfant qui mange peu de légumes riches en vitamine C, vous pouvez les ajouter dans son sandwich, par exemple, en glissant des lanières de poivron rouge dans une tortilla de grains entiers garnie de fromage à la crème, de rôti de bœuf, et de laitue.
- Il y a du fer même dans le poisson, par exemple dans une tartinade à base de thon qui pourra garnir des craquelins de grains entiers accompagnés de légumes verts.
- Les produits céréaliers contiennent aussi du fer : une garniture à base d'œufs glissée dans des mini pains de grains entiers accompagnés d'une salade de bébés épinards et de cantaloup, et le tour est joué.
- Une collation « oméga-3 » peut se composer d'une compote de fruits saupoudrée de graines de lin moulues.
- Une idée de collation soutenante sans noix et sans arachides : une tartine de beurre de graines de tournesol.
- Une collation « toute végétale » pourrait consister en craquelins de grains entiers garnis de purée de légumineuses comme du houmous.

Si vous craignez que votre enfant ne comble pas ses besoins nutritionnels, il vaut mieux consulter une nutritionniste. Elle pourra faire l'analyse de l'alimentation de votre enfant. Ensuite, en faisant équipe avec vous, elle s'assurera que les aliments que vous lui proposerez lui procurent suffisamment d'énergie et de nutriments. Ensemble, vous trouverez des solutions qui collent à la réalité de votre famille.

MENU

semaine 1

	LUNDI	MARDI	MERCREDI	JEUDI	VENDREDI
DÉJEUNER	Gruau nature préparé avec du lait ou de la boisson de soya enrichie	Céréales de grains entiers avec lait ou boisson de soya enrichie	Beurre d'arachide ou de noix sur rôtie de grains entiers	Œufs brouillés avec fromage râpé dans une tortilla de grains entiers	Muffin à la noix de coco fourré aux framboises (p. 219)
	Garni de noix (au choix) et canneberges séchées	Fruit frais	Banane	Fruit frais	Fruit frais
		Noix (au choix)			Lait ou boisson de soya enrichie
COLLATION AM	Crudités (au choix)	Compote de fruits, sans sucre ajouté	Boule d'énergie orange et canneberge p. 215	Tranches de pomme	Yogourt
	Houmous maison ou du commerce	Fromage	Petit contenant de lait ou de boisson de soya enrichie	Mélange: yogourt grec et cannelle (pour tremper les tranches de pomme)	Petits fruits (au choix)
DÎNER	**SANDWICH DE TOFU AU GINGEMBRE MARINÉ**	**SANDWICH AU SAUMON**	**SANDWICH AU PORC-MOUTARDE**	**BOL DE QUINOA ET DE POULET SAUCE À L'ORANGE**	**SOUPE EN THERMOS**
	Bâtonnets de céleri	Lanières de poivron rouge	Bouquets de brocoli	Quinoa et poulet	Bâtonnets de concombre
	Fromage	Yogourt	Fruit frais	Concombre, poivron rouge et épinards	Fromage
	Fruit frais			Bâtonnets de carottes	Tortillas
				Petit contenant de lait ou de boisson de soya enrichie	Fruit frais
COLLATION PM	Muffin banane et pavot (p. 217)	Pois chiches rôtis	Fruit frais et crudités (au choix)	Poivron jaune en lanières	Beurre de soya
	Petit contenant de lait ou de boisson de soya enrichie	Jus de légumes réduit en sodium	Fromage	Mélange : fromage à la crème léger et yogourt grec (pour tremper le poivron)	Craquelins de grains entiers
SOUPER	**SAUMON AU MIEL ET AU CINQ-ÉPICES**	**PORC-ÉPINARDS**	**POULET AU GINGEMBRE**	**SOUPE LENTILLES ROUGES ET PATATES DOUCES**	**PAD THAÏ AUX CREVETTES**
	Riz basmati	Pommes de terre grelots	Quinoa	Tortillas de blé entier	Nouilles de riz à pad thaï
	Bok choys et poivrons	Carottes, épinards et champignons	Poivrons, pois mange-tout et chou napa	Fromage	Poivrons, chou napa, carottes et fèves germées
	Mélange : yogourt et compote de fruits, sans sucre ajouté et graines de chia	Morceaux de fruits frais saupoudrés de cannelle	Yogourt garni de noix (au choix) et de petits fruits	Compote de fruits, sans sucre ajouté garnie de granola faible en gras	Morceaux de fruits frais garnis d'un filet de chocolat noir fondu
		Lait ou boisson de soya enrichie			

1

LUNDI

DÎNER

SANDWICH DE TOFU *au gingembre mariné*

Portions : **4**
Préparation : **10 minutes**
Cuisson : **aucun**
Congélation : **non**

4 pains minces de grains entiers

30 ml (2 c. à s.) de yogourt grec nature

30 ml (2 c. à s.) de mayonnaise

10 ml (2 c. à t.) de sauce soya à teneur réduite en sodium

454 g (16 oz) de tofu ferme nature de type Unisoya

20 tranches de gingembre mariné (gingembre pour sushis)

Au goût, feuilles de bébés épinards

PRÉPARATION

Ouvrir chaque pain mince en deux.

Mélanger le yogourt, la mayonnaise et la sauce soya dans un petit bol. En tartiner les pains.

Couper le tofu en 4 tranches.

Répartir le tofu, le gingembre et les épinards sur une des moitiés de chaque pain mince. Couvrir de l'autre moitié.

Placer chaque sandwich dans un contenant refermable et conserver au frais jusqu'au moment de servir.

Variante : Remplacer le tofu par des haricots blancs cuits. Écraser et ajouter au mélange de yogourt. Remplacer le pain mince par une tortilla de blé entier.

nutri-note

Le tofu fait à partir de soya coagulé avec des sels de calcium est un aliment à intégrer au menu. Une portion peut combler jusqu'à 20 % de la valeur quotidienne en calcium.

nutri-note

Le bok choy est une source méconnue de calcium, le minéral principal qui assure le maintien d'une bonne santé osseuse.

1

LUNDI

SOUPER

SAUMON AU MIEL *et au cinq-épices*

À prévoir: Cuire 480 g de saumon de plus pour les lunchs du lendemain (il restera environ 320 g une fois cuit). Pour couvrir cette portion supplémentaire de saumon, ajouter à la recette actuelle 10 ml de miel et 1 ml de cinq-épices.

Portions: **4**
Préparation: **30 minutes**
Cuisson: **20 minutes**
Congélation: **oui**

125 ml (½ tasse) de riz basmati

250 ml (1 tasse) de bouillon de légumes à teneur réduite en sodium

8 à 10 mini bok choys, coupés en deux

10 ml (2 c. à t.) de miel liquide

1 ml (¼ c. à t.) de cinq-épices (se trouve facilement à l'épicerie)

480 g (environ 1 lb) de saumon frais, avec la peau

2 poivrons de chaque couleur, rouges et jaunes, coupés en 4

10 ml (2 c. à t.) d'huile d'olive

Au goût, sel et poivre

PRÉPARATION

Préchauffer le four à 230 °C (450 °F).

Rincer à l'eau froide le riz. Dans une grande casserole, mettre le riz et le bouillon. Couvrir et porter à ébullition. Remuer, couvrir et réduire à feu doux. Cuire 10 minutes. Ajouter les bok choy sur le dessus du riz pour les cuire à la vapeur. Poursuivre la cuisson du riz et des bok choy 10 minutes ou jusqu'à ce que le liquide soit absorbé. Laisser reposer à couvert.

Dans un petit bol, mélanger le miel et le cinq-épices (voir note « À prévoir »). Réserver.

Déposer le poisson, côté peau vers le bas (voir note « À prévoir ») sur une plaque de cuisson avec rebords recouverte de papier parchemin. Répartir le mélange de miel et d'épices sur le poisson.

Déposer les poivrons en une seule couche sur une autre plaque de cuisson avec rebords recouverte de papier parchemin. Verser l'huile sur les légumes et mélanger pour bien les enrober. Saler et poivrer.

Cuire le poisson et les légumes au four 15 minutes ou jusqu'à ce que la chair du poisson se détache facilement à la fourchette. Si vous avez fait cuire la quantité supplémentaire de poisson pour les lunchs du lendemain, retirez-la et conservez-la au réfrigérateur.

Servir le poisson sur le riz accompagné des légumes.

Variante: Remplacer le saumon par de la truite, plus abordable.

1

MARDI

DÎNER

SANDWICH *au saumon*

Portions : **4**
Préparation : **10 minutes**
Cuisson : **aucune**
Congélation : **non**

—

4 pains minces de grains entiers

30 ml (2 c. à s.) de yogourt grec nature

30 ml (2 c. à s.) de mayonnaise

2,5 ml (½ c. à t.) de cinq-épices

320 g (environ ¾ lb) de filets de saumon cuits

Au goût, feuilles de bébés épinards

—

Variante : Remplacer le pain mince par un bagel mince de grains entiers.

PRÉPARATION

Ouvrir chaque pain mince en deux.

Mélanger le yogourt, la mayonnaise et le cinq-épices dans un petit bol. En tartiner les pains.

Répartir le poisson et les épinards sur une des moitiés de chaque pain mince. Couvrir de l'autre moitié.

Placer chaque sandwich dans un contenant refermable et conserver au frais jusqu'au moment de servir.

nutri-note

Le saumon compte parmi les poissons les plus intéressants sur le plan nutritif, car il fournit plusieurs vitamines et minéraux, des protéines et de bons gras oméga-3.

nutri-note

Le bocconcini est un choix judicieux puisqu'il fournit une quantité intéressante de protéines, une quantité modérée de gras et peu de sodium.

1

MARDI

SOUPER

PORC-épinards

À prévoir : Cuire 320 g de filet de porc de plus pour les lunchs du lendemain (il restera environ 240 g une fois cuit) en le cuisant tel quel. Il y aura suffisamment de moutarde à l'ancienne pour couvrir la totalité du porc.

PRÉPARATION

Préchauffer le four à 200 °C (400 °F).

Déposer les pommes de terre et les carottes sur une plaque de cuisson avec rebords recouverte de papier parchemin. Verser l'huile sur les légumes et mélanger pour bien les enrober. Faire cuire au four 30 minutes ou jusqu'à ce qu'ils soient tendres.

Recouvrir de papier parchemin une seconde plaque avec rebords et y déposer le filet de porc (voir note « À prévoir »). Couper le filet en portefeuille, c'est-à-dire sur le sens de la longueur, mais sans le trancher complètement.

Ouvrir le filet et recouvrir de moutarde. Déposer les épinards, l'oignon, les champignons et le fromage. Cuire au four 30 minutes ou jusqu'à ce que le porc soit cuit adéquatement. Si vous avez fait cuire la quantité supplémentaire de porc pour les lunchs du lendemain, retirez-la et conservez-la au réfrigérateur.

Servir accompagné des pommes de terre et des carottes.

Portions : **4**
Préparation : **15 minutes**
Cuisson : **30 minutes**
Congélation : **oui**

—

454 g (1 lb) de pommes de terre grelots, coupées en 4

4 carottes, coupées en 4 tronçons

30 ml (2 c. à s.) d'huile de canola

480 g (environ 1 lb) de filet de porc

60 ml (¼ tasse) de moutarde à l'ancienne

750 ml (3 tasses) de feuilles de bébés épinards

½ oignon rouge, coupé en fines lamelles

1 contenant de 227 g de champignons, coupés en fines tranches

8 bocconcinis de taille régulière, coupés en 4

—

Variante : Remplacer les épinards par du chou vert frisé ou de la bette à carde.

1

MERCREDI

—

DÎNER

SANDWICH *au porc-moutarde*

Portions : **4**
Préparation : **10 minutes**
Cuisson : **aucune**
Congélation : **non**

—

30 ml (2 c. à s.) de yogourt grec nature

30 ml (2 c. à s.) de mayonnaise

15 ml (1 c. à s.) de moutarde à l'ancienne

4 grandes tortillas de blé entier

240 g (environ ½ lb) de filet de porc cuit, coupé en lanières

2 carottes, coupées en fines lanières

Au goût, feuilles de bébés épinards

—

Variante : Remplacer les lanières de porc par de fines lanières de tempeh assaisonné.

PRÉPARATION

Mélanger le yogourt, la mayonnaise et la moutarde dans un petit bol. En tartiner les tortillas.

Répartir le porc, les carottes et les épinards.

Rouler les tortillas fermement pour retenir la garniture.

Placer chaque sandwich dans un contenant refermable et conserver au frais jusqu'au moment de servir.

nutri-note

Le tempeh est une alternative végé de choix. Sa texture plus ferme que le tofu est particulièrement appréciée.

nutri-note

Le sarrasin est dépourvu de gluten et contient des protéines complètes. Il s'agit d'un aliment intéressant, surtout pour ceux qui tendent à diminuer les protéines de source animale.

1

MERCREDI

—

SOUPER

POULET *au gingembre*

Portions : **4**
Préparation : **30 minutes**
Cuisson : **30 minutes**
Congélation : **oui**

—

À prévoir : Cuire 320 g de poitrines de poulet de plus pour les lunchs du lendemain (il restera environ 240 g une fois cuit). Doubler également la quantité de quinoa à préparer (total : 325 ml ou 1 ⅓ tasse) et de bouillon de poulet à teneur réduite en sodium (total : 650 ml ou 2 ⅔ tasses).

PRÉPARATION

Rincer le quinoa (voir note « À prévoir ») à l'eau froide à l'aide d'un tamis, puis le mettre dans une grande casserole avec le bouillon. Porter à ébullition. Baisser à feu doux et cuire pendant 12 à 15 minutes ou jusqu'à ce que le liquide soit absorbé. Si vous avez fait cuire la quantité supplémentaire de quinoa pour les lunchs du lendemain, retirez-la et conservez-la au réfrigérateur.

Pendant ce temps, faire chauffer l'huile dans une grande poêle. Ajouter le poulet (voir note « À prévoir ») et faire cuire 10 minutes ou jusqu'à ce qu'il ne soit plus rosé à l'intérieur. Si vous avez fait cuire la quantité supplémentaire de poulet pour les lunchs du lendemain, retirez-la et conservez-la au réfrigérateur.

Dans un petit bol, battre la sauce soya, le jus d'orange, le gingembre, le sambal oelek et la fécule de maïs. Réserver.

Dans la même poêle, ajouter les poivrons et l'oignon. Faire sauter 2 minutes. Ajouter les pois mange-tout et le chou. Faire revenir 5 minutes ou jusqu'à tendreté.

Verser la sauce dans la poêle. Porter à ébullition en brassant constamment et bien enrober le poulet et les légumes.

Servir le poulet et les légumes sur le quinoa.

160 ml (⅔ tasse) de quinoa

325 ml (1 ⅓ tasse) de bouillon de poulet à teneur réduire en sodium

30 ml (2 c. à s.) d'huile de canola

600 g (1 ⅓ lb) de poitrines de poulet désossées et sans la peau, coupées en lanières

60 ml (¼ tasse) de sauce soya à teneur réduite en sodium

125 ml (½ tasse) de jus d'orange

30 ml (2 c. à s.) de gingembre frais haché

5 ml (1 c. à t.) de sambal oelek

15 ml (1 c. à s.) de fécule de maïs

2 poivrons jaunes, coupés en lanières

½ oignon rouge, coupé en fines lamelles

1 contenant de 250 g de pois mange-tout

½ chou napa, coupé en fines lamelles

—

Variante : Remplacer le quinoa par du sarrasin. Le sarrasin gagne à être légèrement grillé avant de le faire cuire, ce petit coup de chaleur relève son goût agréable de noisette.

1

JEUDI

DÎNER

BOL DE QUINOA ET DE POULET, *sauce à l'orange*

Portions : **4**
Préparation : **10 minutes**
Cuisson : **aucune**
Congélation : **non**

SAUCE

80 ml (⅓ tasse) de yogourt grec nature

30 ml (2 c. à s.) de mayonnaise

1 orange (zeste et jus)

GARNITURE

500 ml (2 tasses) de quinoa cuit

240 g (environ ¾ lb) de lanières de poulet cuites, coupées en cubes

½ concombre anglais, coupé en 16 rondelles

1 poivron rouge, coupé en bâtonnets

Au goût, feuilles de bébés épinards

Au goût, pousses de tournesol

Variante : Remplacer les lanières de poulet par des morceaux de poisson blanc cuit.

PRÉPARATION

Dans un petit bol, mélanger les ingrédients de la sauce. Verser la sauce, en parts égales, dans quatre petits contenants refermables.

Répartir en parts égales dans quatre contenants refermables le quinoa, le poulet, le concombre, le poivron et les épinards. Les disposer côte à côte. Déposer des pousses de tournesol comme garniture dans chacun des contenants refermables.

Conserver au frais. Au moment de servir, garnir de sauce.

nutri-note

Les pousses de tournesol offrent une petite quantité d'éléments nutritifs, ce qui fait d'elles un ajout heureux aux salades et aux sandwichs.

1

JEUDI

—

SOUPER

SOUPE LENTILLES ROUGES *et patates douces*

Portions : **8**
Préparation : **15 minutes**
Cuisson : **20 minutes**
Congélation : **oui**

—

30 ml (2 c. à s.) d'huile de canola

2 gros oignons, hachés

500 ml (2 tasses) de patates douces, en petits cubes

375 ml (1 ½ tasse) de lentilles rouges sèches

2 L (8 tasses) de bouillon de légumes à teneur réduite en sodium

125 ml (½ tasse) de gingembre frais, coupé finement

5 ml (1 c. à t.) chacun de cumin et de paprika

Au goût, sel et poivre

Au goût, coriandre fraîche, hachée

120 g de fromage, coupé en cubes

2 tortillas de blé entier, coupées en deux et grillées au four

À noter : La quantité de soupe est déjà doublée pour les lunchs du lendemain. Si vous ne la consommez pas entièrement, elle peut se conserver au congélateur pendant 2 à 3 mois.

PRÉPARATION

Faire chauffer l'huile dans une grande casserole. Cuire à feu vif les oignons pendant 3 minutes ou jusqu'à ce qu'ils soient tendres. Ajouter les patates douces, les lentilles, le bouillon, le gingembre, le cumin, le paprika, le sel et le poivre. Porter à ébullition. Réduire le feu, couvrir et laisser mijoter pendant 10 minutes ou jusqu'à ce que les lentilles soient tendres. Dans le récipient du mélangeur ou à l'aide d'un mélangeur à main, broyer jusqu'à ce que la soupe devienne lisse. Ajouter du bouillon, au besoin, pour obtenir la consistance désirée.

Au moment de servir, garnir la soupe de coriandre. Accompagner de fromage et de tortillas grillées.

Variante : La patate douce peut être remplacée par des cubes de courge surgelée ou par la carotte, un choix encore plus économique.

nutri-note

Les trois options de légumes orangés (patates, courge et carottes) constituent une excellente source de bêta-carotène, reconnu pour ses effets bénéfiques sur la vision nocturne.

1

VENDREDI

—

DÎNER

SOUPE *en thermos*

Portions : **4**
Préparation : **10 minutes**
Cuisson : **5 minutes**
Congélation : **oui**

—

1 recette de soupe supplémentaire (environ 1 litre de soupe, voir p. 66)

PRÉPARATION

Faire bouillir au moins 1 litre d'eau dans une casserole.

Répartir l'eau dans 4 thermos et les fermer hermétiquement.

Laisser l'eau bouillante dans les thermos au moins 10 minutes.

Pendant ce temps, mettre la soupe dans une casserole et la faire chauffer. Ajouter un peu de bouillon si nécessaire.

Vider l'eau des thermos avant de les remplir de soupe bien chaude.

nutri-note

Les crevettes fournissent une bonne quantité d'oméga-3, sans être équivalente à celle contenue dans les poissons gras.

1

VENDREDI

—

SOUPER

PAD THAÏ *aux crevettes*

Portions : **4**
Préparation : **30 minutes**
Cuisson : **15 minutes**
Congélation : **oui pour la mixture**

—

85 g de nouilles de riz à pad thaï

15 ml (1 c. à s.) d'huile de canola

340 g (environ ¾ lb) de crevettes crues, décortiquées, déveinées et sans la queue, surgelées et décongelées

2 poivrons rouges, coupés en bâtonnets

½ chou napa, coupé en fines lamelles

750 ml (3 tasses) de carottes râpées (ou un emballage de 340 g)

1 œuf

45 ml (3 c. à s.) de sauce soya à teneur réduite en sodium

15 ml (1 c. à s.) de miel liquide

60 ml (¼ tasse) de sauce de poisson

1 gousse d'ail, hachée finement

500 ml (2 tasses) de fèves germées

125 ml (½ tasse) de coriandre fraîche, hachée grossièrement

60 ml (¼ tasse) d'arachides entières, hachées grossièrement

2 oignons verts, coupés en rondelles minces

1 lime, coupée en quartiers

PRÉPARATION

Préparer les nouilles comme indiqué sur l'emballage.

Pendant ce temps, dans un wok ou une grande casserole, faire chauffer l'huile et y faire revenir les crevettes environ 3 minutes ou jusqu'à ce qu'elles soient cuites. Ajouter les poivrons et faire sauter 1 minute. Ajouter le chou et les carottes. Faire sauter 3 minutes ou jusqu'à ce que les légumes soient tendres. Ajouter l'œuf et bien mélanger.

Ajouter la sauce soya, le miel, la sauce de poisson et l'ail. Bien mélanger. Ajouter les fèves germées et mélanger à nouveau. Cuire 3 minutes ou jusqu'à ce que le mets soit chaud.

Au moment de servir, garnir de coriandre, d'arachides, d'oignons verts et du jus de quartiers de lime.

Variante : Les arachides peuvent être remplacées par des noix de cajou ou encore des graines de tournesol.

MENU

semaine 2

	LUNDI	MARDI	MERCREDI	JEUDI	VENDREDI
DÉJEUNER	Gruau nature préparé avec du lait ou de la boisson de soya enrichie	Pouding de chia (mélange de lait ou de boisson de soya et de graines de chia) garni de petits fruits de granola maison (p. 213) et de noix de Grenoble	Céréales de grains entiers avec lait ou boisson de soya enrichie	Beurre d'arachide ou de noix sur bagel de grains entiers	Œufs cuits durs
	Garni de cubes de pomme et de graines de lin moulues		Fruits séchés	Fruit frais	Rôtie de grains entiers
			Noix (au choix)	Lait ou boisson de soya enrichie	Mini tomates
COLLATION AM	Fromage	Compote de fruits, sans sucre ajouté	Fruit frais	Pouding de soya	Fruit frais
	Graines de tournesol	Fèves de soya rôties	Fromage		Pois chiches rôtis
DÎNER	**BOÎTE BENTO « THON »**	**TORTILLA AU POULET**	**BOL BOUDDHA AU TOURNESOL**	**TORTILLA AU BOEUF**	**SANDWICH AU TOFU SUCRÉ-SALÉ**
	Craquelins et garniture au thon	Mini tomates et bâtonnets de carotte	Riz basmati	Bâtonnets de carottes	Rondelles de courgette
	Poivron, concombre et mangue	Yogourt	Edamames, fromage et graines	Yogourt	Yogourt garni de cubes de mangue surgelée
	Fruit frais		Poivron et concombre	Petits fruits	
			Compote de fruits, sans sucre ajouté		
COLLATION PM	Boule d'énergie orange et canneberge (p. 215)	Fromage	Crudités (au choix)	Muffin banane et pavot (p. 217)	Boule d'énergie orange et canneberge (p. 217)
	Petit contenant de lait ou de boisson de soya enrichie	Craquelins de grains entiers	Œuf cuit dur	Petit contenant de lait ou de boisson de soya enrichie	Petit contenant de lait ou de boisson de soya enrichie
			Trempette de yogourt à l'estragon		
SOUPER	**POULET CAJUN**	**TILAPIA AU CARI**	**BŒUF AIL ET TOMATE**	**TOFU IRRÉSISTIBLE DIJON-ÉRABLE**	**PIZZA À LA MEXICAINE**
	Riz basmati	Pommes de terre	Pâtes alimentaires	Couscous de blé entier	Salade maïs et poivron
	Poivrons, maïs et mini tomates	Carottes et courgettes	Poivrons et oignon rouge	Haricots verts	Pouding au riz ou au tapioca garni de fraises en petits dés
	Yogourt garni de morceaux d'ananas surgelé saupoudré de noix de coco râpée non sucrée	Lait ou boisson de soya enrichie	Yogourt garni de fruits frais saupoudré de graines de chanvre	Salade de fruits frais	
		Morceaux de fruits frais saupoudrés de cannelle			

nutri-note

Le thon pâle contient moins d'oméga-3 que le thon blanc, mais il est moins riche en mercure.

2

LUNDI

—

DÎNER

BOÎTE BENTO « thon »

Portions : **4**
Préparation : **15 minutes**
Cuisson : **aucune**
Congélation : **non**

—

GARNITURE AU THON

2 boîtes (170 g chacune) de thon pâle dans l'eau, égoutté

30 ml (2 c. à s.) de yogourt grec nature

30 ml (2 c. à s.) de mayonnaise

½ citron, (zeste et jus)

Au goût, poivre

INGRÉDIENTS

1 poivron jaune, coupé en bâtonnets

½ concombre anglais, coupé en 20 tranches

1 mangue, coupée en cubes

Au goût, craquelins de grains entiers

—

Variante : La boîte bento est un style de boîte aux possibilités infinies. Par exemple, on peut remplacer le thon par du tofu émietté et les légumes par des bâtonnets de carottes et des tranches de radis.

PRÉPARATION

Dans un grand bol, mélanger les ingrédients de la garniture au thon. Répartir en quatre parts égales dans des contenants refermables.

Répartir le poivron et le concombre en parts égales dans 4 contenants refermables.

Répartir la mangue en parts égales dans 4 contenants refermables.

Répartir les craquelins en parts égales dans 4 autres contenants refermables.

Conserver au frais jusqu'au moment de servir.

2

LUNDI

—

SOUPER

POULET *cajun*

Portions : **4**
Préparation : **30 minutes**
Cuisson : **20 minutes**
Congélation : **oui**

—

125 ml (½ tasse) de riz basmati

250 ml (1 tasse) de bouillon de poulet à teneur réduite en sodium

30 ml (2 c. à s.) d'huile de canola

600 g (1 ⅓ lb) de poitrines de poulet désossées et sans la peau, coupées en lanières

1 oignon, coupé en très fines lamelles

2 poivrons verts, coupés en très fines lamelles

375 ml (1 ½ tasse) de maïs en grains surgelé

24 mini tomates

5 ml (1 c. à t.) d'assaisonnement cajun

Au goût, sel et poivre

—

Variante : Le poulet peut être remplacé par des crevettes ou du tofu.

À prévoir : Cuire 320 g de poitrines de poulet de plus (il restera environ 240 g une fois cuit) pour les lunchs du lendemain. Si vous prévoyez préparer le bol bouddha mercredi midi, préparez le double de riz (doubler la quantité de riz et de bouillon).

PRÉPARATION

Rincer à l'eau froide le riz à l'aide d'un tamis (voir note « À prévoir »). Dans une grande casserole, mettre le riz et le bouillon. Couvrir et porter à ébullition. Remuer, couvrir et cuire à feu doux 20 minutes ou jusqu'à ce que le liquide soit absorbé. Laisser reposer à couvert. Si vous avez fait cuire la quantité supplémentaire de riz pour les lunchs de mercredi, retirez-la et conservez-la au réfrigérateur.

Pendant ce temps, faire chauffer l'huile dans une grande casserole. Ajouter le poulet et faire cuire 10 minutes ou jusqu'à ce que le poulet ne soit plus rosé à l'intérieur. Si vous avez fait cuire la quantité supplémentaire de poulet pour les lunchs du lendemain, retirez-la et conservez-la au réfrigérateur. Ajouter l'oignon, les poivrons, le maïs et les tomates. Faire cuire 5 minutes ou jusqu'à ce que les légumes soient tendres. Ajouter l'assaisonnement cajun. Saler et poivrer.

Servir le poulet et les légumes sur le riz.

nutri-note

Les grains de maïs apportent des fibres et des caroténoïdes.

2

MARDI

—

DÎNER

TORTILLA
au poulet

Portions : **4**
Préparation : **10 minutes**
Cuisson : **aucune**
Congélation : **non**

—

30 ml (2 c. à s.) de yogourt grec nature

30 ml (2 c. à s.) de mayonnaise

5 ml (1 c. à t.) d'assaisonnement cajun

4 grandes tortillas de blé entier

240 g (½ lb) de lanières de poulet cuites, coupées en cubes

Au goût, feuilles de laitue Boston

—

Variante : Remplacer la tortilla par une feuille de riz pour un rouleau de printemps express.

PRÉPARATION

Mélanger le yogourt, la mayonnaise et l'assaisonnement cajun dans un petit bol. En tartiner les tortillas.

Répartir le poulet et la laitue.

Rouler fermement pour retenir la garniture.

Placer chaque sandwich dans un contenant refermable et conserver au frais jusqu'au moment de servir.

nutri-note

—

En troquant la tortilla pour une feuille de riz, ajoutez un légume, comme des carottes râpées et des petits pois, au sandwich afin d'augmenter les fibres.

nutri-note

La pomme de terre est une source intéressante de potassium, un minéral qui joue un rôle notamment dans la contraction musculaire.

2

MARDI

SOUPER

TILAPIA
au cari

Portions : **4**
Préparation : **15 minutes**
Cuisson : **30 minutes**
Congélation : **oui**

PRÉPARATION

Dans une très grande casserole, mettre les pommes de terre, les carottes, le lait de coco, la pâte de cari et le bouillon. Mélanger, couvrir et porter à ébullition, puis baisser le feu et laisser mijoter 15 minutes en mélangeant de temps à autre.

Ajouter les courgettes et le tilapia (si nécessaire, couper le tilapia afin qu'il soit submergé dans le liquide). Couvrir et porter à ébullition à nouveau. Cuire 3 minutes ou jusqu'à ce que la chair du poisson se détache facilement.

Au moment de servir, garnir de coriandre.

454 g (1 lb) de pommes de terre, coupées en petits cubes d'environ 1 cm

4 carottes, coupées en bâtonnets

1 boîte de 400 ml de lait de coco allégé

80 ml (⅓ tasse) de pâte de cari

500 ml (2 tasses) de bouillon de légumes à teneur réduite en sodium

3 petites courgettes, coupées en cubes

4 filets (environ 120 g chacun) de tilapia frais

60 ml (¼ tasse) de coriandre fraîche, hachée finement

Variante : N'importe quel type de poisson blanc se prête bien à ce mets. Adaptez la cuisson en fonction de l'épaisseur du poisson.

2

MERCREDI

—

DÎNER

BOL BOUDDHA *au tournesol*

Portions : **4**
Préparation : **10 minutes**
Cuisson : **5 minutes**
Congélation : **non**

—

GARNITURE

500 ml (2 tasses) d'edamames surgelés écossés

250 ml (1 tasse) de riz basmati cuit

20 cubes de mangues surgelées, décongelées

1 poivron rouge, coupé en demi-bâtonnets

½ concombre anglais, coupé en petits dés

60 g (environ ½ tasse) de fromage mozzarella, coupé en petits dés

125 ml (½ tasse) de graines de tournesol, écalées

2 oignons verts, tranchés finement

SAUCE

125 ml (½ tasse) de yogourt grec nature

30 ml (2 c. à s.) de mayonnaise

½ citron (jus)

1 ml (¼ c. à t.) de cari en poudre

PRÉPARATION

Cuire les edamames selon les indications sur l'emballage.

Pendant ce temps, mélanger les ingrédients de la sauce dans un bol. Verser la sauce, en parts égales, dans quatre petits contenants refermables.

Répartir en parts égales dans quatre contenants refermables les edamames, le riz, la mangue, le poivron, le concombre, le fromage et les graines de tournesol. Disposer côte à côte. Répartir en parts égales les oignons verts comme garniture dans chacun des contenants refermables.

Conserver au frais. Au moment de servir, garnir de sauce.

Variante : Le riz pourrait être remplacé par du quinoa, du couscous de blé entier, du millet ou encore une autre variété de riz.

nutri-note

Les edamames sont des haricots de soya frais. Ils fournissent des protéines de qualité et sont une source intéressante de fibres.

nutri-note

Certaines pâtes blanches sont additionnées d'inuline et/ou de fibres de bale d'avoine, ce qui en font une source de fibres intéressantes.

2

MERCREDI

SOUPER

BŒUF AIL *et tomate*

À prévoir : Cuire 320 g de bœuf de plus (il en restera environ 240 g une fois cuit) pour les lunchs du lendemain.

Portions : **4**
Préparation : **30 minutes**
Cuisson : **20 minutes**
Congélation : **oui**

250 ml (1 tasse) de penne rigate de type Smart

30 ml (2 c. à s.) d'huile de canola

500 g (environ 1 lb) de bœuf de haut de surlonge, coupé en lanières

1 petit oignon rouge, tranché finement

2 poivrons de chaque couleur, deux rouges et deux verts, coupés en lanières

1 gousse d'ail, émincée

250 ml (1 tasse) de coulis de tomate

60 ml (¼ tasse) de pesto de tomates séchées

125 ml (½ tasse) de basilic frais, haché

Au goût, poivre

Variante : On peut remplacer le bœuf par du poulet ou du tofu et les pâtes Smart par des pâtes de blé entier.

PRÉPARATION

Faire cuire les pâtes selon les instructions sur l'emballage. Égoutter.

Pendant ce temps, dans une très grande poêle, chauffer l'huile. Cuire les lanières de bœuf environ 5 minutes ou jusqu'à ce que l'extérieur soit bien cuit et l'intérieur légèrement cuit (voir note « À prévoir »). Si vous avez fait cuire la quantité supplémentaire de bœuf pour les lunchs du lendemain, retirez-la et conservez-la au réfrigérateur.

Ajouter l'oignon et les poivrons dans la poêle. Cuire environ 3 minutes ou jusqu'à ce qu'ils soient tendres. Ajouter l'ail et cuire 1 minute ou juste assez pour qu'il soit légèrement dorée. Ajouter le coulis de tomate et le pesto, cuire 2 minutes ou jusqu'à ce que le coulis soit chaud.

Servir le bœuf et les légumes sur les pâtes. Garnir de basilic. Poivrer.

2

JEUDI

DÎNER

TORTILLA *au bœuf*

Portions : **4**
Préparation : **10 minutes**
Cuisson : **aucune**
Congélation : **non**

30 ml (2 c. à s.) de yogourt grec nature

30 ml (2 c. à s.) de mayonnaise

10 ml (2 c. à t.) de pesto de tomates séchées

4 grandes tortillas de blé entier

240 g (environ ½ lb) de bœuf en lanières cuit

Au goût, feuilles de laitue Boston

Au goût, feuilles de basilic frais

Variante : Remplacer le bœuf par du poulet ou du tofu.

PRÉPARATION

Mélanger le yogourt, la mayonnaise et le pesto de tomates dans un petit bol. En tartiner les tortillas.

Répartir le bœuf, la laitue et le basilic.

Rouler fermement pour retenir la garniture.

Placer chaque sandwich dans un contenant refermable et conserver au frais jusqu'au moment de servir.

nutri-note

En mélangeant la mayonnaise au yogourt nature, on diminue la teneur en gras, tout en augmentant l'apport en protéines et en calcium de la tartinade.

TOFU IRRÉSISTIBLE
Dijon-érable

Portions : **4**
Préparation : **15 minutes**
Cuisson : **20 minutes**
Congélation : **oui**

COUSCOUS

125 ml (½ tasse) de couscous de blé entier

125 ml (½ tasse) de bouillon de légumes à teneur réduite en sodium

5 ml (1 c. à t.) d'huile d'olive

INGRÉDIENTS

1 L (4 tasses) de haricots verts surgelés

60 ml (¼ tasse) de sirop d'érable

30 ml (2 c. à s.) de moutarde à l'ancienne

30 ml (2 c. à s.) d'huile de sésame

1 emballage de 454 g de tofu ferme de type Unisoya, coupé en très petits dés

À prévoir : Faire cuire 454 g de tofu supplémentaire pour les lunchs du lendemain. Pour faire cuire cette quantité additionnelle de tofu, doubler la quantité de sirop d'érable, de moutarde et d'huile de sésame.

PRÉPARATION

Mettre le couscous dans un grand bol.

Verser le bouillon de légumes dans une casserole. Porter à ébullition. Verser le liquide sur le couscous. Couvrir et laisser reposer pendant 5 minutes, ou jusqu'à ce que tout le liquide soit absorbé. Défaire le couscous à la fourchette, et ajouter l'huile avant de servir.

Pendant ce temps, faire cuire les haricots verts à la vapeur. Réserver.

Mélanger le sirop d'érable et la moutarde dans un petit bol. Réserver.

Faire chauffer l'huile dans une grande poêle à feu moyen. Ajouter les cubes de tofu (voir note « À prévoir »). Cuire en brassant 5 minutes ou jusqu'à ce que le tofu soit légèrement doré. Verser le mélange de sirop d'érable et de moutarde sur le tofu. Cuire 3 minutes ou jusqu'à ce que le tofu soit légèrement collant. Si vous avez fait cuire la quantité supplémentaire de tofu pour les lunchs du lendemain, retirez-la et conservez-la au réfrigérateur.

Servir le tofu sur le couscous, accompagné des haricots verts.

Variante : Les haricots verts peuvent être remplacés par des choux de Bruxelles.

nutri-note

Les choux de Bruxelles sont une source intéressante de calcium.

2

VENDREDI

—

DÎNER

SANDWICH AU TOFU
Sucré-salé

Portions : **4**
Préparation : **10 minutes**
Cuisson : **aucune**
Congélation : **non**

—

30 ml (2 c. à s.) de yogourt grec nature

30 ml (2 c. à s.) de mayonnaise

10 ml (2 c. à t.) de moutarde à l'ancienne

5 ml (1 c. à t.) de sirop d'érable

4 grandes tortillas de blé entier

1 emballage de 454 g de tofu, cuit à « l'irrésistible » en très petits dés (voir page 88)

Au goût, feuilles de laitue Boston

—

Variante : Comme alternative rapide, on peut mélanger une conserve de pois chiches égouttés et rincés avec 15 ml (1 c. à s.) de sirop d'érable et 2,5 ml (½ c. à t.) de moutarde sèche. Ensuite, les faire rôtir 5 minutes à la poêle.

PRÉPARATION

Mélanger le yogourt, la mayonnaise, la moutarde et le sirop d'érable dans un petit bol et en tartiner les tortillas.

Répartir le tofu et la laitue.

Rouler les tortillas fermement pour retenir la garniture.

Placer chaque sandwich dans un contenant refermable et conserver au frais jusqu'au moment de servir.

nutri-note

—

Bien que le sirop d'érable soit un sucre naturel, il faut tout de même en surveiller la consommation.

nutri-note

Ce repas fournit le tiers des besoins quotidiens en calcium et près de la moitié de ceux en fer en plus d'être riche en protéines et en fibres.

2

VENDREDI

SOUPER

PIZZA *à la mexicaine*

Portions : **4**
Préparation : **20 minutes**
Cuisson : **15 minutes**
Congélation : **oui**

1 emballage de 340 g de « sans-viande haché » assaisonné à la mexicaine

2 tomates moyennes, coupées en petits cubes

4 pains minces de grains entiers

250 ml (1 tasse) de fromage mozzarella râpé, bien tassé

SALADE MAÏS ET POIVRON

250 ml (1 tasse) de maïs surgelé, cuit et refroidi

1 poivron rouge, coupé en petits dés

3 petits oignons verts, hachés finement

15 ml (1 c. à s.) d'huile d'olive

60 ml (¼ tasse) de coriandre fraîche, hachée finement

Variante : Remplacer les pains minces par une tortilla ou un pain pita.

PRÉPARATION

Préchauffer le four à 230 °C (450 °F).

Dans un grand bol, défaire le « sans-viande haché » en petits morceaux. Ajouter les cubes de tomates. Mélanger. Répartir ce mélange sur chaque moitié de pains minces et ajouter, ensuite, le fromage. Déposer les pizzas sur une plaque de cuisson avec rebords recouverte de papier parchemin. Cuire au four 10 minutes, ou jusqu'à ce que le mélange soit chaud et que le fromage soit fondu.

Pendant ce temps, mélanger les ingrédients de la salade dans un grand bol.

Servir la pizza avec la salade.

MENU

semaine 3

	LUNDI	MARDI	MERCREDI	JEUDI	VENDREDI
DÉJEUNER	Gruau overnight (mélange de flocons d'avoine et de lait ou de boisson de soya enrichie - préparé la veille)	Beurre d'arachide ou de noix sur muffin anglais de grains entiers	Mini-pitas de blé entier farcis de beurre de noix et de rondelles de banane	Céréales de grains entiers avec lait ou boisson de soya enrichie	Œufs brouillés avec fromage râpé dans une tortilla de grains entiers
	Garni de raisins rouges coupés en deux, de graines de citrouille et de cannelle	Fruit frais et lait ou boisson de soya enrichie	Lait ou boisson de soya enrichie	Fruits séchés et noix (au choix)	Fruit frais
COLLATION AM	Muffin banane et pavot (page 217)	Tranches de pomme	Fruit frais	Muffin banane et pavot (page 217)	Yogourt
	Petit contenant de lait ou de boisson de soya enrichie	Beurre de soya (pour tremper les tranches de pomme)	Fromage	Petit contenant de lait ou de boisson de soya enrichie	Petits fruits (au choix)
DÎNER	**ROULEAU DE PRINTEMPS**	**SANDWICH AU POULET**	**SANDWICH AU SAUMON FRAIS**	**SALADE DE COUSCOUS ET DE CREVETTES**	**SOUPE EN THERMOS**
	Sauce coco-arachide	Crudités (au choix)	Lanières de poivron et concombre	Couscous, crevettes et avocat	Fromage
	Bâtonnets de carotte	Pouding au riz ou au tapioca avec petits fruits saupoudré de graines moulues	Yogourt	Bâtonnets de carotte	Craquelins de grains entiers
	Fèves de soya rôties et fruit frais			Compote de fruits, sans sucre ajouté	Compote de fruits, sans sucre ajouté
COLLATION PM	Fruit frais et crudités (au choix)	Fromage	Craquelins de grains entiers et crudités (au choix)	Raisins rouges	Barre tendre maison ou du commerce (8 g de sucre maximum, minimum de 4 g de protéines)
	Fromage	Craquelins de grains entiers	Houmous maison ou du commerce	Graines de tournesol	Petit contenant de lait ou de boisson de soya enrichie
SOUPER	**POULET AU SÉSAME**	**SAUMON ÉRABLE-MOUTARDE**	**ONE POT « FUSILLIS LENTILLES »**	**SOUPE-REPAS AUX HARICOTS ROUGES**	**QUICHE AUX POIVRONS ROUGES GRILLÉS**
	Riz basmati	Couscous de blé entier	Salade d'accompagnement	Fromage cheddar	Oignon, courgettes et épinards
	Poivrons et champignons	Brocoli	Salade de fruits frais	Craquelins de grains entiers	Morceaux de fruits frais garnis d'un filet de chocolat noir fondu
	Petit parfait (yogourt, fruits frais, granola et graines de lin)	Morceaux de fruits frais saupoudrés de cannelle		Compote de fruits, sans sucre ajouté	
		Lait ou boisson de soya enrichie			

3

LUNDI

—

DÎNER

ROULEAU *de printemps*

Portions : **4 (2 rouleaux par personne)**
Préparation : **20 minutes**
Cuisson : **5 minutes**
Congélation : **non**

—

8 feuilles de riz de 23 cm (9 po) de diamètre

500 ml (2 tasses) de feuilles de laitues mélangées, lavées et bien essorées

½ concombre anglais, coupé en juliennes sur la longueur

1 poivron rouge, coupé en fines lamelles

1 pêche, coupée en bâtonnets

1 emballage de 225 g de tofu ferme de type Unisoya, coupé en bâtonnets

125 ml (½ tasse) de persil, haché finement

SAUCE COCO-ARACHIDE

250 ml (1 tasse) de lait de coco allégé

60 ml (¼ tasse) de beurre d'arachide crémeux

7,5 ml (½ c. à s.) de cari en poudre

10 ml (2 c. à t.) de sauce soya à teneur réduite en sodium

5 ml (1 c. à t.) de sambal oelek

PRÉPARATION

Dans un bol d'eau fraîche qui a été chauffée, mettre à tremper entièrement une première feuille de riz pendant environ 20 secondes ou jusqu'à ce qu'elle soit souple. Retirer de l'eau et déposer sur un linge propre.

Disposer d'abord des feuilles de laitue sur la feuille de riz.

Ajouter ensuite ⅛ de tous les ingrédients restants et rouler fermement pour retenir la garniture.

Procéder de la même façon pour le reste des rouleaux.

Envelopper les rouleaux dans de la pellicule plastique ou un contenant fermé hermétiquement pour garder leur humidité. Conserver au frais jusqu'au moment de les servir.

Mettre tous les ingrédients de la sauce dans une grande casserole. Chauffer à feu moyen en remuant constamment environ 3 minutes ou jusqu'à ce que le tout soit homogène. Goûter et ajouter du cari en poudre si désiré. Verser la sauce, en parts égales, dans quatre petits contenants refermables. Conserver au frais.

Au moment de servir, tremper les rouleaux dans la sauce.

Variante : La pêche ajoute un goût sucré au rouleau de printemps comme la mangue ou encore le litchi le ferait.

nutri-note

Une portion de tofu permet, entre autres, d'atteindre près de la moitié des besoins quotidiens en calcium.

nutri-note

L'huile de sésame contient des gras polyinsaturés, bénéfiques pour la santé du cœur.

3

LUNDI

SOUPER

POULET *au sésame*

Portions : **4**
Préparation : **20 minutes**
Cuisson : **20 minutes**
Congélation : **oui**

180 ml (¾ tasse) de riz basmati

375 ml (1 ½ tasses) de bouillon de légumes à teneur réduite en sodium

600 g (1 ⅓ lb) de poitrines de poulet désossées sans la peau, coupées en lanières

2 poivrons rouges, coupés en quatre

1 contenant de 227 g de champignons blancs entiers

15 ml (1 c. à s.) de graines de sésame grillées

SAUCE

15 ml (1 c. à s.) de vinaigre de riz

30 ml (2 c. à s.) de sirop d'érable

15 ml (1 c. à s.) de sauce soya à teneur réduite en sodium

15 ml (1 c. à s.) d'huile de sésame grillé

5 ml (1 c. à t.) de gingembre moulu

2,5 ml (½ c. à t.) de poudre d'ail

À prévoir : Cuire 320 g de poitrines de poulet de plus pour les lunchs du lendemain (il restera environ 240 g une fois cuit). Il y a suffisamment de sauce pour la quantité totale de poulet.

PRÉPARATION

Préchauffer le four à 230 °C (450 °F).

Rincer le riz à l'eau froide à l'aide d'un tamis et le mettre dans une grande casserole avec le bouillon. Couvrir et porter à ébullition. Remuer, couvrir à nouveau et cuire à feu doux pendant 20 minutes ou jusqu'à ce que le liquide soit absorbé. Laisser reposer à couvert.

Pendant ce temps, déposer les lanières de poulet et les légumes sur une grande plaque de cuisson avec rebords recouverte de papier parchemin (voir note « À prévoir »).

Dans un petit bol, mélanger les ingrédients de la sauce.

Verser la sauce sur le poulet et les légumes. Mélanger pour bien les enrober. Cuire au four 15 minutes ou jusqu'à ce que la chair du poulet ne soit plus rosée. Si vous avez fait cuire la quantité supplémentaire de poulet pour les lunchs du lendemain, retirez-la et conservez-la au réfrigérateur.

Servir le poulet et les légumes avec le riz. Garnir de graines de sésame.

Variante : Pour une version végétarienne, le tofu et le tempeh sont de bonnes alternatives.

3

MARDI

DÎNER

SANDWICH *au poulet*

Portions : **4**
Préparation : **10 minutes**
Cuisson : **aucune**
Congélation : **non**

—

4 pains minces de grains entiers

30 ml (2 c. à s.) de yogourt grec nature

30 ml (2 c. à s.) de mayonnaise

2,5 ml (½ c. à t.) de poudre de gingembre

240 g (environ ½ lb) de lanières de poulet cuites

Au goût, feuilles de bébés épinards

—

Variante : Remplacer le gingembre par du curcuma.

PRÉPARATION

Ouvrir chaque pain mince en deux.

Mélanger le yogourt, la mayonnaise et le gingembre dans un petit bol. En tartiner les pains.

Répartir le poulet et les épinards sur une des moitiés de chaque pain mince. Couvrir de l'autre moitié.

Placer chaque sandwich dans un contenant refermable et conserver au frais jusqu'au moment de servir.

nutri-note

Les épinards sont une source intéressante de potassium et de folates. Ils sont plus riches en vitamines que la laitue traditionnelle.

3

MARDI

SOUPER

SAUMON *érable-moutarde*

Portions : **4**
Préparation : **15 minutes**
Cuisson : **15 minutes**
Congélation : **oui**

COUSCOUS

250 ml (1 tasse) de couscous de blé entier

250 ml (1 tasse) de bouillon de légumes à teneur réduite en sodium

5 ml (1 c. à t.) d'huile d'olive

SAUCE

15 ml (1 c. à s.) de sirop d'érable

15 ml (1 c. à s.) de moutarde à l'ancienne

5 ml (1 c. à t.) d'huile d'olive

Au goût, sel et poivre

INGRÉDIENTS

480 g (environ 1 lb) de saumon frais avec la peau

1 emballage de 500 g de fleurons de brocoli surgelés (ou 1 brocoli frais)

À prévoir : Cuire 480 g de poisson de plus pour les lunchs du lendemain (il en restera environ 320 g une fois cuit). Préparer le double de couscous pour en avoir en surplus pour les lunchs du jeudi.

PRÉPARATION

Mettre le couscous dans un grand bol (voir note « À prévoir »). Réserver.

Verser le bouillon de légumes dans une casserole. Porter à ébullition. Verser le liquide sur le couscous. Couvrir et laisser reposer pendant 5 minutes, ou jusqu'à ce que tout le liquide soit absorbé. Défaire le couscous à la fourchette, et ajouter l'huile avant de servir. Si vous avez fait cuire la quantité supplémentaire de couscous pour les lunchs du jeudi, retirez-la et conservez-la au réfrigérateur.

Pendant ce temps, dans un petit bol, mélanger les ingrédients de la sauce. Réserver.

Déposer le poisson sur une grande plaque de cuisson avec rebords recouverte de papier parchemin (voir note « À prévoir »).

Verser la sauce sur le poisson. Cuire au four 15 minutes ou jusqu'à ce que la chair du poisson se détache facilement à la fourchette. Si vous avez fait cuire la quantité supplémentaire de poisson pour les lunchs du lendemain, retirez-la et conservez-la au réfrigérateur.

Cuire le brocoli à la vapeur.

Servir le poisson et le brocoli avec le couscous.

Variante : Le couscous perlé de grains entiers offre une belle variante.

nutri-note

Choisir les grains entiers permet de hausser son apport en fibres, lesquelles favorisent la satiété.

3

MERCREDI

DÎNER

SANDWICH *au saumon frais*

Portions : **4**
Préparation : **10 minutes**
Cuisson : **aucune**
Congélation : **non**

4 pains minces de grains entiers

30 ml (2 c. à s.) de yogourt grec nature

30 ml (2 c. à s.) de mayonnaise

10 ml (2 c. à t.) de moutarde à l'ancienne

320 g (environ ¾ lb) de filets de saumon cuits

Au goût, feuilles de bébés épinards

Variante : Remplacer les épinards par l'oseille. L'oseille sanguine avec ses veinures rosées ajoutent de la couleur aux mets.

PRÉPARATION

Ouvrir chaque pain mince en deux.

Mélanger le yogourt, la mayonnaise et la moutarde dans un petit bol. En tartiner les pains.

Répartir le saumon et les épinards sur une des moitiés de chaque pain mince. Couvrir de l'autre moitié.

Placer chaque sandwich dans un contenant refermable et conserver au frais jusqu'au moment de servir.

nutri-note

Le saumon contient de précieux oméga-3, un type de gras essentiel à l'organisme.

nutri-note

Grâce aux lentilles, cette recette est particulièrement riche en fibres.

MERCREDI

SOUPER

ONE POT « *fusillis lentilles* »

Portions : **4**
Préparation : **20 minutes**
Cuisson : **15 minutes**
Congélation : **oui**

—

15 ml (1 c. à s.) d'huile d'olive

1 petit oignon, haché finement

2 branches de céleri, hachées finement

1 boîte de 796 ml de tomates en dés et leur jus, sans sel ajouté

1 boîte de 540 ml de lentilles sans sel ajouté, rincées et égouttées

125 ml (½ tasse) de fusillis de type Smart

5 ml (1 c. à t.) d'origan séché

5 ml (1 c. à t.) de basilic séché

1 gousse d'ail, hachée finement

Au goût, sel et poivre

SALADE D'ACCOMPAGNEMENT

30 ml (2 c. à s.) d'huile d'olive

1 citron (jus)

2,5 ml (½ c. à t.) de moutarde de Dijon

1 L (4 tasses) de feuilles de laitues mélangées, lavées et bien essorées

60 ml (¼ tasse) de fromage parmesan, râpé finement

Au goût, poivre

—

Variante : Opter pour des pâtes de blé entier.

À prévoir : Décongeler 500 g de crevettes cuites surgelées, décortiquées, déveinées et sans la queue pour les lunchs du lendemain.

PRÉPARATION

Faire chauffer l'huile dans une grande casserole. Ajouter l'oignon et le céleri. Faire revenir en remuant constamment environ 2 minutes.

Ajouter le reste des ingrédients. Mélanger et porter à ébullition. Baisser le feu, couvrir et laisser mijoter à feu doux 8 minutes ou jusqu'à ce que les pâtes soient tendres. Mélanger toutes les 2 minutes. Ajouter un peu d'eau si nécessaire.

Préparer la vinaigrette. Dans un petit bol, fouetter l'huile, le jus de citron et la moutarde. Réserver.

Dans un grand bol, mettre les feuilles de laitues mélangées. Ajouter la vinaigrette et mélanger délicatement. Saupoudrer de fromage et de poivre.

Servir les pâtes avec la salade.

3

JEUDI

DÎNER

SALADE DE COUSCOUS *et de crevettes*

Portions : **4**
Préparation : **10 minutes**
Cuisson : **aucune**
Congélation : **non**

—

500 g (environ 1 lb) de crevettes cuites, décortiquées, déveinées et sans la queue, surgelées et décongelées

500 ml (2 tasses) de couscous de blé entier cuit

2 avocats, coupés en gros cubes

2 oignons verts, hachés finement

125 ml (½ tasse) de coriandre fraîche, hachée finement

SAUCE À SALADE

30 ml (2 c. à s.) d'huile d'olive

30 ml (2 c. à s.) de yogourt grec nature

1 orange (jus et zeste)

—

Variante : Remplacer la coriandre par des feuilles de menthe.

PRÉPARATION

Rincer et éponger les crevettes. Mettre les crevettes et les ingrédients de la salade dans un grand bol. Mélanger délicatement. Répartir en quatre parts égales dans des contenants refermables.

Dans un petit bol, fouetter les ingrédients de la sauce. Verser le liquide, en parts égales, dans quatre petits contenants refermables.

Au moment de servir, verser la sauce sur la salade et mélanger délicatement.

nutri-note

Les avocats sont riches en bons gras.

nutri-note

Les pommes de terre sont une source intéressante de vitamine C et de fibres.

SOUPE-REPAS *aux haricots rouges*

Portions : **8**
Préparation : **15 minutes**
Cuisson : **25 minutes**
Congélation : **oui**

15 ml (1 c. à s.) d'huile de canola

1 oignon, haché finement

2 branches de céleri, hachées finement

2 gousses d'ail, hachées finement

2 L (8 tasses) de bouillon de bœuf à teneur réduite en sodium

1 boîte de 796 ml de tomates en dés et leur jus, sans sel ajouté

1 pomme de terre, pelée et coupée en petits cubes

5 ml (1 c. à t.) de basilic séché

5 ml (1 c. à t.) d'origan séché

80 ml (1/3 tasse) de macaronis de blé entier

500 ml (2 tasses) de macédoine de petits légumes surgelés (petits pois, maïs, carottes, etc.)

2 boîtes de 540 ml chacune de haricots rouges sans sel ajouté, rincés et égouttés

ACCOMPAGNEMENT

120 g de fromage cheddar

120 g de craquelins de grains entiers

À noter : La quantité de soupe est déjà doublée pour les lunchs du lendemain. Si vous ne la consommez pas entièrement, elle peut se conserver au congélateur de 2 à 3 mois.

PRÉPARATION

Faire chauffer l'huile dans une grande casserole. Cuire l'oignon et le céleri pendant 3 minutes.

Ajouter l'ail, le bouillon, les tomates, la pomme de terre, le basilic et l'origan. Porter à ébullition. Baisser le feu, couvrir et laisser mijoter pendant 8 minutes.

Ajouter les pâtes, la macédoine et les haricots. Mélanger, couvrir et poursuivre la cuisson 10 minutes.

Servir la soupe avec le fromage et les craquelins de grains entiers.

Variante : Remplacer les haricots rouges par d'autres types de légumineuses (haricots noirs, flageolets, haricots blancs, haricots romains, etc.)

3

VENDREDI

DÎNER

SOUPE
en thermos

Portions : **4**
Préparation : **10 minutes**
Cuisson : **aucune**
Congélation : **non**

1 recette de soupe supplémentaire (environ 1 litre de soupe, voir p. 111)

PRÉPARATION

Faire bouillir au moins 1 litre d'eau dans une casserole.

Répartir l'eau dans 4 thermos et les fermer hermétiquement.

Laisser l'eau bouillante dans les thermos au moins 10 minutes.

Pendant ce temps, mettre la soupe dans une casserole et la faire chauffer. Ajouter un peu de bouillon si nécessaire.

Vider l'eau des thermos avant de les remplir de soupe bien chaude.

3

VENDREDI

SOUPER

QUICHE
aux poivrons rouges grillés

Portions : **4**
Préparation : **15 minutes**
Cuisson : **30 minutes**
Congélation : **oui**

—

2 grandes tortillas de blé entier

8 œufs

1 boîte de 354 ml de lait évaporé à 2 % de M.G.

80 ml (⅓ tasse) de poivron rouge grillé, coupé en petits dés

60 ml (¼ tasse) d'olives Kalamata, tranchées

5 ml (1 c. à t.) d'origan séché

Au goût, sel et poivre

15 ml (1 c. à s.) d'huile d'olive

1 oignon, tranché en fines lamelles

1 courgette, coupée en gros cubes

500 ml (2 tasses) de feuilles de bébés épinards, bien tassées

—

Variante : Omettre les tortillas et cuisiner ce mets en omelette.

PRÉPARATION

Préchauffer le four à 180 °C (350 °F).

Dans un moule à tarte d'une capacité d'un litre, placer les tortillas afin de recouvrir le fond et les rebords. Réserver.

Dans un grand bol, battre les œufs. Ajouter le lait, le poivron, les olives et l'origan. Saler et poivrer. Verser dans le moule.

Cuire au four 30 minutes ou jusqu'à ce que le centre soit bien cuit.

Pendant ce temps, faire chauffer l'huile dans une grande poêle à feu moyen. Cuire l'oignon environ 2 minutes ou jusqu'à ce qu'il soit tendre. Ajouter les courgettes et cuire 2 minutes de plus. Ajouter les épinards et poursuivre la cuisson jusqu'à ce qu'ils soient chauds et tendres.

Servir la quiche avec les légumes.

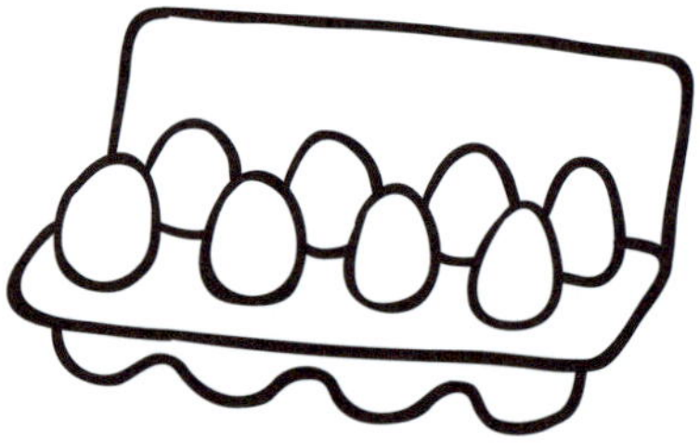

nutri-note

Le lait évaporé contient deux fois plus de protéines et de calcium que le lait régulier, une belle alternative.

MENU

semaine 4

	LUNDI	MARDI	MERCREDI	JEUDI	VENDREDI
DÉJEUNER	Beurre d'arachide ou de noix sur bagel de grains entiers	Œufs cuits durs	Crêpe express (p. 212) garnie de yogourt grec, de petits fruits et d'un filet de sirop d'érable	Céréales de grains entiers avec lait ou boisson de soya enrichie	Gruau nature préparé avec du lait ou de la boisson de soya enrichie
	Fruit frais	Rôtie de grains entiers	Lait ou boisson de soya enrichie	Fruit frais	Garni de noix (au choix) et canne-berges séchées
		Fruit frais		Noix (au choix)	
		Lait ou boisson de soya enrichie			
COLLATION AM	Boule d'énergie orange et canne-berge (p. 215)	Compote de fruits, sans sucre ajouté	Fruit frais	Compote de fruits, sans sucre ajouté	Fruit frais
	Petit contenant de lait ou de boisson de soya enrichie	Graines de tournesol	Fromage	Petit contenant de lait ou de boisson de soya enrichie	Petit contenant de lait ou de boisson de soya enrichie
DÎNER	**LUNCH DÉCONSTRUIT – HOUMOUS ET PITA**	**SANDWICH DE POISSON AU PAPRIKA FUMÉ**	**SALADE DE BŒUF**	**PAIN MINCE AU POULET PIQUANT**	**LUNCH DÉCONSTRUIT – ŒUFS**
	Mini pitas et houmous	Carotte en bâtonnets	Riz, bœuf et légumes	Carotte en bâtonnets	Craquelins, oeufs et fromage cottage
	Concombre et tomates, jus de légumes réduit en sodium	Pouding chia (lait ou boisson de soya enrichie avec graines de chia)	Crudités (au choix)	Yogourt	Épinards, avocat et concombre
	Raisins rouges		Yogourt saupoudré de graines de lin moulues		Poire et raisins rouges
	Fromage et graines de citrouilles				Pouding au riz ou au tapioca garni de petits fruits
COLLATION PM	Yogourt	Fruit frais et crudités (au choix)	Fruits séchés (au choix)	Craquelins de grains entiers et crudités (au choix)	Compote de fruits, sans sucre ajouté
		Fromage	Pois chiches rôtis assaisonnés	Fromage	Fèves de soya rôties
SOUPER	**MORUE AUX POIREAUX ET AUX CAROTTES**	**BŒUF SAUCE AUX CHAMPIGNONS**	**POULET PIQUANT**	**GNOCCHIS ET TOFU À L'ITALIENNE**	**PITA DE KEFTA AUX SAVEURS DE LA PALESTINE**
	Riz basmati	Nouilles aux oeufs	Pommes de terre grelots	Brocoli et tomates	Tomates, concombre et poivrons
	Poireaux et carottes	Brocoli, champi-gnons et poivrons	Poivrons et chou-fleur	Morceaux de fruits frais saupoudrés de cannelle	Fruit frais
	Morceaux de fruits frais garnis d'un filet de chocolat noir fondu	Salade de fruits frais	Pouding au riz ou au tapioca garni de petits fruits		

4

LUNDI

DÎNER

LUNCH DÉCONSTRUIT
houmous et pita

Portions : **4**
Préparation : **10 minutes**
Cuisson : **aucune**
Congélation : **non**

16 mini pitas de grains entiers

250 ml (1 tasse) de houmous du commerce

120 g (1 tasse) de fromage mozzarella, coupé en petits cubes

125 ml (½ tasse) de graines de tournesol ou de citrouilles, écaillées

16 rondelles de concombre

16 mini tomates

500 ml (2 tasses) de raisins rouges

Variante : Remplacer le houmous par une tartinade de tofu.

PRÉPARATION

Répartir en quatre parts égales chacun des aliments et les mettre dans des contenants refermables allant dans la boîte à lunch.

Conserver au frais jusqu'au moment de servir.

nutri-note

Les graines de tournesol apportent du fer et du zinc, des minéraux importants pour notre système de défense naturelle.

4

LUNDI

SOUPER

MORUE AUX POIREAUX *et aux carottes*

Portions : **4**
Préparation : **10 minutes**
Cuisson : **20 minutes**
Congélation : **oui**

—

250 ml (1 tasse) de riz basmati

500 ml (2 tasses) de bouillon de légumes à teneur réduite en sodium

15 ml (1 c. à s.) huile d'olive

1 emballage de 250 g de poireaux frais émincés

Au goût, sel et poivre

125 ml (½ tasse) de bouillon de légumes à teneur réduite en sodium

1 emballage de 340 g de mini carottes, rincées et égouttées

2,5 ml (½ c. à t.) de cari en poudre

500 g (environ 1 lb) de morue surgelée, décongelée

1 citron, coupé en quartiers

60 ml (¼ tasse) de persil frais, haché finement

Au goût, sel et poivre

À prévoir : Cuire 480 g de poisson de plus pour les lunchs du lendemain (il restera environ 320 g une fois cuit). Si vous prévoyez préparer la salade de bœuf du mercredi midi, préparez le double de riz (doubler la quantité de riz et de bouillon).

PRÉPARATION

Rincer à l'eau froide, le riz à l'aide d'un tamis (voir note « À prévoir »). Dans une grande casserole, mettre le riz et le bouillon. Couvrir et porter à ébullition. Remuer, couvrir et cuire à feu doux 20 minutes ou jusqu'à ce que le liquide soit absorbé. Laisser reposer à couvert. Si vous avez fait cuire la quantité supplémentaire de riz pour les lunchs du mercredi, retirez-la et conservez-la au réfrigérateur.

Pendant ce temps, dans une très grande poêle, chauffer l'huile d'olive à feu vif. Ajouter les poireaux. Verser le bouillon, réduire le feu à moyen-doux. Ajouter les carottes et le cari. Mélanger, couvrir et cuire à feu moyen doux pendant 10 minutes (pour conserver l'humidité, ne pas trop soulever le couvercle ou ajouter un peu d'eau ou de bouillon). Déposer la morue et cuire à couvert pendant 5 minutes (voir note « À prévoir »).

Retirer le couvercle et poursuivre la cuisson 5 minutes ou jusqu'à ce qu'il reste ¾ du liquide de cuisson. Ne pas retourner les filets. Si vous avez fait cuire la quantité supplémentaire de poisson pour les lunchs du lendemain, retirez-la et conservez-la au réfrigérateur.

Servir le poisson avec le riz, les légumes et les quartiers de citron. Verser le liquide de cuisson sur le riz. Saupoudrer de persil. Saler et poivrer.

Variante : Remplacer la morue par de l'aiglefin ou un filet de saumon.

nutri-note

Le poireau contient de l'inuline, un prébiotique alimentant nos bonnes bactéries dans l'intestin.

nutri-note

La morue est un poisson maigre riche en protéines.

4

MARDI

DÎNER

SANDWICH DE POISSON *au paprika fumé*

Portions : **4**
Préparation : **10 minutes**
Cuisson : **aucune**
Congélation : **non**

4 pains minces de grains entiers

30 ml (2 c. à s.) de yogourt grec nature

30 ml (2 c. à s.) de mayonnaise

5 ml (1 c. à t.) de paprika fumé

320 g (environ ¾ lb) de filets de morue cuite

16 rondelles de concombre

½ poivron rouge, coupé en lanières

Variante : Remplacer le concombre par de la courgette.

PRÉPARATION

Ouvrir chaque pain mince en deux.

Mélanger le yogourt, la mayonnaise et le paprika dans un petit bol. En tartiner les pains.

Sur une moitié de pain, répartir le poisson. Couvrir de l'autre moitié.

Placer chaque sandwich dans un contenant refermable et conserver au frais.

Répartir en quatre parts égales les rondelles de concombre et les lanières de poivron rouge dans des contenants refermables et conserver au frais.

Au moment de servir, ajouter le concombre et le poivron rouge dans le sandwich.

4

MARDI

SOUPER

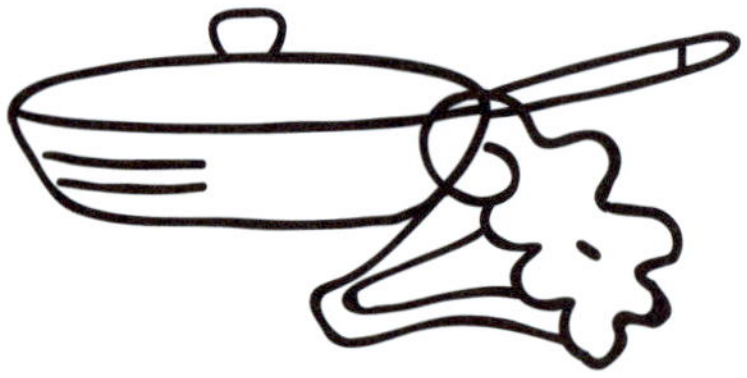

BŒUF
Sauce aux champignons

Portions : **4**
Préparation : **15 minutes**
Cuisson : **20 minutes**
Congélation : **oui**

—

100 g de nouilles aux œufs

1 pied de brocoli frais, lavé et coupé en petits bouquets

250 ml (1 tasse) de bouillon de bœuf à teneur réduite en sodium

20 ml (4 c. à t.) de fécule de maïs

Au goût, poivre

500 g (environ 1 lb) de haut de surlonge de bœuf, coupé en lanières

30 ml (2 c. à s.) d'huile d'olive

1 contenant de 227 g de champignons blancs, coupés en deux

1 poivron rouge, coupé en lanières

1 gousse d'ail, hachée finement

1 boîte de 354 ml de lait évaporé à 2 % de M.G.

2,5 ml (½ c. à t.) de muscade moulue

Au goût, sel et poivre

—

Variante : Remplacer les champignons blancs par des shiitakes.

À prévoir : Cuire 320 g de bœuf de plus pour les lunchs du lendemain (il restera environ 240 g une fois cuit).

PRÉPARATION

Porter à ébullition de l'eau dans une grande casserole. Une fois à ébullition, mettre les nouilles et le brocoli. Cuire 5 minutes dès la reprise de l'ébullition. Égoutter. Réserver au chaud.

Dans un grand bol, mélanger le bouillon et la fécule de maïs. Réserver.

Pendant ce temps, poivrer les lanières de bœuf (voir note « À prévoir »). Dans une poêle, faire chauffer l'huile à feu vif. Saisir la moitié de la viande de tous les côtés, à feu vif, environ 1 minute ou jusqu'à ce que les côtés soient dorés, mais l'intérieur rosé. Réserver dans une assiette. Cuire le reste de la viande (si nécessaire, ajouter de l'huile). S'il y a trop de liquide de cuisson, faire réduire à feu vif entre les deux. Si vous avez fait cuire la quantité supplémentaire de bœuf pour les lunchs du lendemain, retirez-la et conservez-la au réfrigérateur.

Dans la même poêle sur un feu vif (ajouter de l'huile si nécessaire) faire sauter les champignons et le poivron environ 2 minutes ou jusqu'à ce que les champignons soient dorés. Saler, poivrer et ajouter l'ail. Mélanger et cuire 2 minutes.

Ajouter le mélange de bouillon et de fécule dans la poêle. Brasser. Ajouter le lait évaporé et la muscade. Brasser à nouveau. Ajouter la viande.

Porter à ébullition en brassant constamment. Cuire 2 minutes en brassant constamment. Saler et poivrer.

Servir le bœuf en sauce sur les nouilles au brocoli.

nutri-note

Utiliser du lait évaporé au lieu de la crème 35 % de M.G. permet une réduction notable du gras sans compromettre le goût.

4

MERCREDI

DÎNER

SALADE *de bœuf*

Portions : **4**
Préparation : **10 minutes**
Cuisson : **aucune**
Congélation : **non**

—

90 ml (6 c. à s.) de yogourt grec nature

30 ml (2 c. à s.) de mayonnaise

30 ml (2 c. à s.) de moutarde à l'ancienne

5 ml (1 c. à t.) de sirop d'érable

Au goût, sel et poivre

500 ml (2 tasses) de riz cuit

500 ml (2 tasses) de légumes râpés maison ou du commerce (carottes, chou, etc.)

28 mini tomates, coupées en deux

240 g (environ ½ lb) de lanières de bœuf cuites

Au goût, persil frais haché

—

Variante : Remplacer le bœuf par des lanières de poulet ou des edamames.

PRÉPARATION

Mélanger le yogourt, la mayonnaise, la moutarde et le sirop d'érable dans un petit bol. Saler et poivrer. Réserver.

Répartir en parts égales dans quatre contenants refermables le riz cuit au centre et autour les légumes râpés, les tomates et les lanières de bœuf.

Verser la sauce en filet en parts égales dans chaque contenant et saupoudrer de persil frais.

Fermer les quatre contenants et les conserver au frais jusqu'au moment de servir.

nutri-note

En remplaçant une partie de la mayonnaise par du yogourt nature, on diminue la quantité de sodium de la recette.

nutri-note

Des épices aussi goûteuses que le piri-piri et le romarin relèvent parfaitement le mets sans ajouter une quantité importante de sel.

SOUPER

POULET *piquant*

Portions : **4**
Préparation : **15 minutes**
Cuisson : **20 minutes**
Congélation : **oui (sauf la sauce)**

À prévoir : Cuire 320 g de poitrines de poulet de plus pour les lunchs du lendemain (il restera environ 240 g une fois cuit). Ajouter 2,5 ml (½ c. à t.) chacun : épices piri-piri et romarin séché à la recette actuelle.

POUR LES LÉGUMES

450 g (1 lb) de pommes de terre grelots, lavées et coupées en 4

2 poivrons rouges, coupés en morceaux

1 chou-fleur, coupé en petits bouquets

30 ml (2 c. à s.) d'huile d'olive

Au goût, sel et poivre

POUR LE POULET

480 g (environ 1 lb) de poitrines de poulet désossées sans la peau, coupées en lanières

15 ml (1 c. à s.) d'huile d'olive

5 ml (1 c. à t.) chacun : épices piri-piri et romarin séché

2,5 ml (½ c. à t.) de paprika

Au goût, sel et poivre

POUR LA SAUCE

90 ml (6 c. à s.) de yogourt grec nature

30 ml (2 c. à s.) de mayonnaise

5 ml (1 c. à t.) de poudre d'ail

PRÉPARATION

Préchauffer le four à 200 °C (400 °F).

Déposer les légumes sur une plaque de cuisson avec rebords recouverte de papier parchemin. Verser l'huile, saler et poivrer. Mélanger pour bien enrober les légumes. Étaler les légumes en une seule couche et faire cuire au four 20 minutes ou jusqu'à ce que les pommes de terre soient tendres.

Déposer le poulet sur une seconde plaque de cuisson avec rebords recouverte de papier parchemin (voir note « À prévoir »). Répartir l'huile, le piri-piri, le romarin, le paprika, le sel et le poivre sur le poulet. Mélanger pour bien enrober. Étaler le poulet en une seule couche et faire cuire environ 15 minutes ou jusqu'à ce que le centre ne soit plus rosé. Si vous avez fait cuire la quantité supplémentaire de poulet pour les lunchs du lendemain, retirez-la et conservez-la au réfrigérateur.

Pendant ce temps, mélanger tous les ingrédients de la sauce. Réserver.

Servir le poulet accompagné des légumes et de la sauce.

Variante : Les poitrines de poulet peuvent être remplacées par des hauts de cuisse ou du tofu.

PAIN MINCE *au poulet piquant*

Portions : **4**
Préparation : **10 minutes**
Cuisson : **aucune**
Congélation : **non**

—

4 pains minces de grains entiers

30 ml (2 c. à s.) de yogourt grec nature

30 ml (2 c. à s.) de mayonnaise

Une pincée d'épices piri-piri

240 g (environ ½ lb) de poitrines de poulet cuites, coupées en lanières

Au goût, feuilles de bébés épinards

—

Variante : Remplacer le pain mince de grains entiers par un pain kaiser de blé entier.

PRÉPARATION

Ouvrir chaque pain mince en deux.

Mélanger le yogourt, la mayonnaise et le piri-piri dans un petit bol. En tartiner les pains.

Répartir le poulet et les épinards sur une des moitiés de chaque pain mince. Couvrir de l'autre moitié.

Placer chaque sandwich dans un contenant refermable et conserver au frais jusqu'au moment de servir.

nutri-note

On peut utiliser le filet qui se trouve sous la poitrine de poulet. Il est riche en protéines et contient peu de gras.

nutri-note

Bien que le tofu mou soit moins riche en protéines que le tofu ferme, l’ajout de yogourt grec permet d’obtenir un repas suffisamment protéiné.

4

JEUDI

SOUPER

GNOCCHIS
et tofu à l'italienne

À prévoir : Préparer 8 œufs cuits durs pour les lunchs du lendemain.

Portions : **4**
Préparation : **15 minutes**
Cuisson : **10 minutes**
Congélation : **non**

1 emballage de 454 g de tofu soyeux mou de type Sunrise

125 ml (½ tasse) de yogourt grec nature

15 ml (1 c. à s.) de pesto de basilic

6 tomates séchées dans l'huile, égouttées

5 ml (1 c. à t.) d'origan séché

1 gousse d'ail, hachée finement

1 emballage de 500 g de brocoli surgelé

1 emballage de 350 g de gnocchis frais

30 ml (2 c. à s.) d'huile d'olive

30 mini tomates

Au goût, sel et poivre

Au goût, fromage parmesan râpé

Au goût, basilic frais, haché finement

Variante : En saison, remplacer les brocolis par des asperges.

PRÉPARATION

Dans un robot culinaire, mettre en purée le tofu soyeux, le yogourt grec, le pesto, les tomates séchées, l'origan et l'ail. Réserver.

Cuire le brocoli et les gnocchis ensemble dans la même casserole. Cuire selon les instructions de cuisson sur l'emballage des gnocchis. Une fois cuits, égoutter les brocolis et les gnocchis. Réserver dans un grand bol. Ne pas garder l'eau de cuisson dans la casserole.

Dans la même casserole, faire chauffer l'huile à feu moyen. Ajouter les tomates et cuire 1 minute ou jusqu'à ce que les tomates soient tendres. Ajouter le mélange de tofu, les gnocchis et les brocolis. Cuire 2 minutes ou jusqu'à ce que le tout soit juste assez chaud. Brasser constamment. Saler et poivrer.

Au moment de servir, saupoudrer de fromage et de basilic.

nutri-note

Les œufs contiennent des protéines de grande qualité.

4

VENDREDI

DÎNER

LUNCH DÉCONSTRUIT
aux œufs

Portions : **4**
Préparation : **15 minutes**
Cuisson : **aucune**
Congélation : **non**

1 L (4 tasses) de feuilles de bébés épinards

2 poires, coupées en dés

1 avocat, coupé en dés

1 concombre anglais, coupé en cubes

8 œufs, cuits durs et coupés en 2

125 ml (½ tasse) de fromage cottage

Au goût, basilic frais haché finement

Au goût, sel et poivre

10 ml (2 c. à t.) d'huile d'olive

120 g de craquelins de grains entiers

20 raisins rouges

Variante : Remplacer les craquelins par des mini pitas de blé entier.

PRÉPARATION

Dans quatre contenants refermables, répartir en parts égales les épinards, les poires, l'avocat, le concombre et les œufs. Déposer au centre de chaque contenant le fromage cottage. Saupoudrer de basilic frais et poivrer. Sur chacun, verser un filet d'huile (environ 2,5 ml par contenant).

Dans quatre autres petits contenants refermables, séparer en parts égales les craquelins.

Répartir également les raisins rouges en parts égales dans 4 autres petits contenants refermables.

Conserver au frais jusqu'au moment de servir.

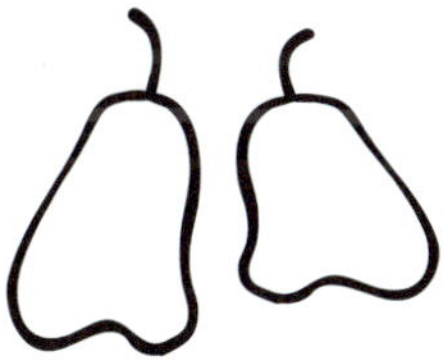

4

VENDREDI

SOUPER

PITA DE KEFTA
aux saveurs du Moyen-Orient

Portions : **4**
Préparation : **15 minutes**
Cuisson : **10 minutes**
Congélation : **non**

1 emballage de 340 g de « sans-viande haché » (goût original)

2 échalotes françaises, hachées finement

80 ml (⅓ tasse) de persil frais, haché finement

1 œuf, battu

2,5 ml (½ c. à t.) de mélange 4 épices

Au goût, poivre

4 pains pitas moyens de grains entiers

120 g (environ 1 tasse) de cheddar fort, râpé grossièrement

SAUCE DE YOGOURT AU PERSIL

125 ml (½ tasse) de yogourt grec nature

30 ml (2 c. à s.) de mayonnaise

Au goût, poivre

30 ml (2 c. à s.) de persil frais, haché finement

ACCOMPAGNEMENT

2 tomates, coupées en quartiers

½ concombre, coupé en rondelles

½ poivron rouge, coupé en lanières

PRÉPARATION

Préchauffer le four à 190 °C (400 °F).

Dans un grand bol, défaire le « sans viande » à l'aide d'une fourchette.

Ajouter les échalotes, le persil, l'œuf et les assaisonnements. Bien mélanger.

Déposer sur un pita le quart du mélange et du fromage. Replier le pain sur la préparation et le presser avec la paume de la main afin de former une demi-lune. Répéter pour chaque pita.

Déposer les demi-lunes sur une plaque de cuisson recouverte de papier parchemin et cuire 5 minutes de chaque côté. Au moment de retourner, presser à nouveau avec une spatule.

Pendant ce temps, dans un bol, mélanger les ingrédients de la sauce.

Servir le sandwich coupé en pointes avec la sauce et les crudités.

Variante : Remplacer le « sans-viande » par de la viande d'agneau et/ou de bœuf haché maigre. Les viandes hachées doivent d'abord être cuites, de 8 à 10 minutes à la poêle. Ajouter de la menthe fraîche au persil haché.

nutri-note

Ce repas est une excellente source de calcium et de fer.

MENU

Semaine 5

	LUNDI	MARDI	MERCREDI	JEUDI	VENDREDI
DÉJEUNER	Beurre d'arachide ou de noix sur muffin anglais de grains entiers	Gruau overnight (mélange de flocons d'avoine et de lait ou de boisson de soya enrichie - préparé la veille)	Céréales de grains entiers avec lait ou boisson de soya enrichie	Œufs brouillés avec fromage râpé dans une tortilla de grains entiers	Muffin à la noix de coco fourré aux framboises (p. 219)
	Fruit frais	Garni de petits fruits, de noix (au choix) et de cannelle	Fruits séchés (au choix)	Fruit frais	Noix (au choix)
	Lait ou boisson de soya enrichie		Noix (au choix)		Lait ou boisson de soya enrichie et fruit frais
COLLATION AM	Fruit frais	Fruit frais	Tranches de pomme	Muffin banane et pavot (page 217)	Yogourt
	Fèves de soya rôties	Fromage	Beurre de soya (pour tremper les tranches de pomme)	Petit contenant de lait ou de boisson de soya enrichie	
DÎNER	**TORTILLA AU TOFU STYLE SUSHI**	**TORTILLA AU SAUMON ET BALSAMIQUE**	**BOÎTE BENTO « POULET »**	**BOÎTE BENTO « SUCRÉ-SALÉ-ACIDE »**	**CARI EN THERMOS**
	Lanières de poivron	Bâtonnets de carotte	Salade de couscous et poulet	Fromage	Garnir de yogourt grec nature
	Yogourt	Pouding de soya	Carotte, concombre et mini tomates	Roulé banane-tournesol	Carotte et concombre
			Yogourt, petits fruits et graines de lin	Mini tomates, pomme et raisins verts	Compote de fruits, sans sucre ajouté
				Biscuits Graham et yogourt	
COLLATION PM	Fromage	Boule d'énergie orange et canneberge (p. 215)	Barre tendre maison ou du commerce (8 g de sucre maximum, minimum de 4 g de protéines)	Craquelins de grains entiers et crudités (au choix)	Beurre de tournesol
	Craquelins de grains entiers	Petit contenant de lait ou de boisson de soya enrichie	Petit contenant de lait ou de boisson de soya enrichie	Houmous maison ou du commerce	Craquelins de grains entiers
SOUPER	**SAUMON AU BALSAMIQUE**	**POULET AU CUMIN**	**FUSILLIS AUX CREVETTES**	**CARI DE TOFU RAPIDE**	**FRITTATA À LA COURGE BUTTERNUT**
	Quinoa	Couscous de blé entier	Salade verte	Riz basmati	Pain de grains entiers
	Oignon rouge et champignons	Navet et carottes	Morceaux de fruits frais saupoudrés de cannelle	Haricots verts	Salade poivron et mangue
	Pouding au riz ou au tapioca saupoudré de graines de lin garni de fraises en petits dés	Salade de fruits frais		Morceaux de fruits frais enrobés de yogourt grec et saupoudrés de granola faible en gras	Morceaux de fruits frais garnis d'un filet de chocolat noir fondu et lait ou boisson de soya enrichie

5

LUNDI

DÎNER

TORTILLA AU TOFU *style sushi*

Portions : **4**
Préparation : **10 minutes**
Cuisson : **aucune**
Congélation : **non**

PRÉPARATION

Mélanger le yogourt, la mayonnaise, le soya et le gingembre dans un petit bol. En tartiner les tortillas.

Répartir la laitue, le tofu, la carotte et l'avocat.

Rouler les tortillas fermement pour retenir la garniture.

Placer chaque sandwich dans un contenant refermable et conserver au frais jusqu'au moment de servir.

30 ml (2 c. à s.) de yogourt grec nature

30 ml (2 c. à s.) de mayonnaise

5 ml (1 c. à t.) de sauce soya à teneur réduite en sodium

2,5 ml (½ c. à t.) de gingembre moulu

4 grandes tortillas de blé entier

8 grandes feuilles de laitue Boston

1 emballage de 225 g de tofu ferme de type Unisoya, coupé en bâtonnets

1 grosse carotte, râpée grossièrement

1 avocat, coupé en bâtonnets

Variante : Remplacer le tofu par du tempeh ou du poulet cuit.

nutri-note

Les carottes sont une source significative de bêta-carotène, une vitamine qui contribue à optimiser notre systèmes de défenses naturelles.

5

LUNDI

SOUPER

SAUMON *au balsamique*

Portions : **4**
Préparation : **20 minutes**
Cuisson : **20 minutes**
Congélation : **oui**

QUINOA

160 ml (⅔ tasse) de quinoa

325 ml (1 ⅓ tasse) de bouillon de légumes à teneur réduite en sodium

INGRÉDIENTS

480 g (environ 1 lb) de saumon frais avec la peau

1 petit oignon rouge, coupé en lamelles

1 contenant de 227 g de champignons blancs entiers

1 citron ou 1 lime, coupé en tranches fines

SAUCE

15 ml (1 c. à s.) de sirop d'érable

15 ml (1 c. à s.) de moutarde à l'ancienne

30 ml (2 c. à s.) de vinaigre balsamique

10 ml (2 c. à t.) d'huile d'olive

Au goût, sel et poivre

À prévoir : Cuire 480 g de poisson de plus pour les lunchs du lendemain (il en restera environ 320 g une fois cuit).

PRÉPARATION

Préchauffer le four à 230 °C (450 °F).

Rincer le quinoa à l'eau froide à l'aide d'un tamis, puis le mettre dans une grande casserole avec le bouillon. Porter à ébullition. Baisser à feu doux et cuire pendant 12 à 15 minutes ou jusqu'à ce que le liquide soit absorbé.

Pendant ce temps, déposer le poisson et les légumes sur une grande plaque de cuisson avec rebords recouverte de papier parchemin (voir note « À prévoir »).

Dans un petit bol, mélanger les ingrédients de la sauce.

Verser la sauce sur le poisson et les légumes. Mélanger les légumes pour bien les enrober de sauce. Cuire au four 15 minutes ou jusqu'à ce que la chair du poisson se détache facilement à la fourchette. Si vous avez fait cuire la quantité supplémentaire de poisson pour les lunchs du lendemain, retirez-la et conservez-la au réfrigérateur.

Servir le poisson et les légumes avec le quinoa, accompagnés de tranches de citron ou de lime.

Variante : Remplacer le quinoa par du millet.

nutri-note

Tout comme le quinoa, le millet est naturellement exempt de gluten.

5

MARDI

DÎNER

TORTILLA AU SAUMON *et balsamique*

Portions : **4**
Préparation : **10 minutes**
Cuisson : **aucune**
Congélation : **non**

30 ml (2 c. à s.) de yogourt grec nature

30 ml (2 c. à s.) de mayonnaise

5 ml (1 c. à t.) de vinaigre balsamique

320 g (environ ¾ lb) de filets de saumon cuits

4 grandes tortillas de blé entier

Au goût, feuilles de laitue Boston

Variante : Remplacer le saumon par de la truite saumonée.

PRÉPARATION

Mélanger le yogourt, la mayonnaise, le vinaigre et le saumon dans un bol. En tartiner les tortillas.

Répartir la laitue.

Rouler les tortillas fermement pour retenir la garniture.

Placer chaque sandwich dans un contenant refermable et conserver au frais jusqu'au moment de servir.

nutri-note

Le saumon sauvage d'Alaska ou du Pacifique ainsi que la truite saumonée sont des choix écoresponsables.

5

MARDI

—

SOUPER

POULET *au cumin*

Portions : **4**
Préparation : **20 minutes**
Cuisson : **15 minutes**
Congélation : **oui**

—

COUSCOUS

250 ml (1 tasse) de couscous de blé entier

250 ml (1 tasse) de bouillon de poulet à teneur réduite en sodium

5 ml (1 c. à t.) d'huile d'olive

SAUCE

1 gousse d'ail, émincée

180 ml (¾ tasse) de yogourt grec nature

15 ml (1 c. à s.) de cumin moulu

INGRÉDIENTS

600 g (1 ⅓ lb) de poitrines de poulet désossées, sans la peau, coupées en lanières

1 navet, coupé en bâtonnets

4 carottes, coupées en bâtonnets

10 ml (2 c. à t.) d'huile d'olive

Au goût, sel et poivre

À prévoir : Cuire 320 g de poitrines de poulet de plus pour les lunchs du lendemain (il restera environ 240 g une fois cuit). Préparer un surplus de couscous pour les lunchs du lendemain. Doubler la quantité de couscous, de bouillon et d'huile.

PRÉPARATION

Préchauffer le four à 230 °C (450 °F).

Mettre le couscous dans un grand bol (voir note « À prévoir »). Réserver.

Dans une casserole, porter à ébullition le bouillon. Verser le liquide bouillant sur le couscous. Ajouter l'huile, mélanger, couvrir et laisser reposer pendant 5 minutes, ou jusqu'à ce que tout le liquide soit absorbé. Réserver. Si vous avez fait cuire la quantité supplémentaire de couscous pour les lunchs du lendemain, retirez-la et conservez-la au réfrigérateur.

Pendant ce temps, mélanger les ingrédients de la sauce dans un grand bol. Ajouter les lanières de poulet et les enrober de sauce (voir note « À prévoir »).

Déposer le poulet et les légumes sur une grande plaque de cuisson avec rebords recouverte de papier parchemin. Verser l'huile sur les légumes. Mélanger pour bien enrober les légumes d'huile. Saler et poivrer. Cuire au four 15 minutes ou jusqu'à ce que la chair du poulet ne soit plus rosée. Si vous avez fait cuire la quantité supplémentaire de poulet, retirez-la et conservez-la au réfrigérateur.

Servir le poulet et les légumes avec le couscous.

Variante : Remplacer le poulet par du tofu ou du tempeh.

nutri-note

Que vous utilisiez des aliments protéinés de source animale ou végétale, leur proportion devrait équivaloir au quart de l'assiette.

5

MERCREDI

DÎNER

BOÎTE BENTO « poulet »

Portions : **4**
Préparation : **10 minutes**
Cuisson : **aucune**
Congélation : **non**

240 g (environ ½ lb) de lanières de poulet cuites

LES LÉGUMES

2 carottes, coupées en bâtonnets

½ concombre anglais, coupé en rondelles

20 mini tomates, coupées en deux

SALADE DE COUSCOUS

250 ml (1 tasse) de couscous de blé entier cuit

60 ml (¼ tasse) de canneberges séchées

60 ml (¼ tasse) de ciboulette fraîche, ciselée

30 ml (2 c. à s.) de yogourt grec nature

30 ml (2 c. à s.) d'huile d'olive

1 gousse d'ail, hachée finement

YOGOURT AUX PETITS FRUITS

20 ml (4 c. à t.) de graines de lin moulues ou 60 ml (¼ tasse) de granola faibles en gras

500 ml (2 tasses) de yogourt grec nature

250 ml (1 tasse) de petits fruits surgelés

20 ml (4 c. à t.) de sirop d'érable

PRÉPARATION

Diviser en quatre parts égales le poulet et le répartir dans des contenants refermables.

Répartir les légumes en part égale dans quatre contenants refermables.

Dans un grand bol, mélanger les ingrédients de la salade de couscous. Répartir en parts égales dans 4 contenants refermables.

Répartir en parts égales, les graines de lin ou le granola dans 4 petits contenants refermables.

Dans un grand bol, mélanger le yogourt, les petits fruits et le sirop d'érable. Répartir dans 4 contenants refermables. Saupoudrer de graines de lin ou de granola au moment de servir.

Conserver au frais jusqu'au moment de servir.

Variante : Remplacer le couscous par du quinoa.

nutri-note

En plus d'apporter une quantité de fibres alimentaires intéressante, le couscous de blé entier contient également plus de protéines qu'un couscous régulier.

nutri-note

Les crevettes sont riches en protéines tout en étant faibles en gras.

5

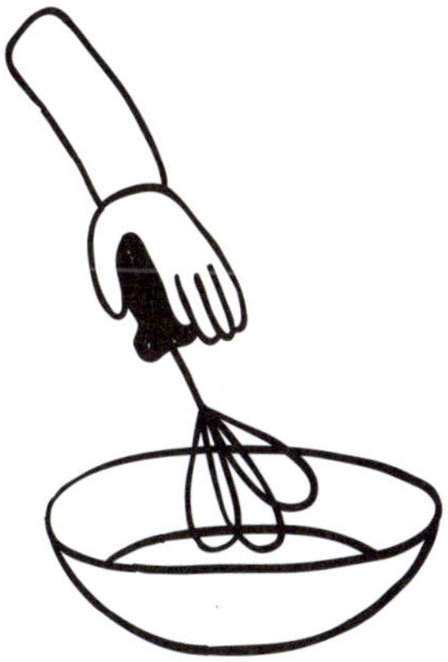

MERCREDI

SOUPER

FUSILLIS *aux crevettes*

Portions : **4**
Préparation : **10 minutes**
Cuisson : **20 minutes**
Congélation : **oui**

SALADE VERTE

1 L (4 tasses) de feuilles de laitue Boston

½ concombre anglais, coupé en cubes

30 ml (2 c. à s.) d'huile d'olive

30 ml (2 c. à s.) de yogourt grec nature

10 ml (2 c. à t.) de vinaigre de vin blanc

2,5 ml (½ c. à t.) de moutarde en poudre

1 gousse d'ail, hachée finement

INGRÉDIENTS

340 g de crevettes cuites décortiquées, déveinées et sans la queue, surgelées et décongelées

15 ml (1 c. à s.) de fécule de maïs

30 ml (2 c. à s.) d'eau

15 ml (1 c. à s.) d'huile de canola

1 oignon, haché finement

250 ml (1 tasse) de bouillon de poulet à teneur réduite en sodium

1 boîte de 354 ml de lait évaporé à 2 % de M.G.

250 ml (1 tasse) de fusillis de type Smart (ou autres pâtes courtes)

2 gousses d'ail, émincées

0,5 ml (⅛ c. à t.) de piment de Cayenne broyé

250 ml (1 tasse) de maïs surgelé

30 ml (2 c. à s.) de ciboulette séchée

PRÉPARATION

Dans un grand bol, mettre la laitue et le concombre. Réserver. Dans un petit bol, fouetter l'huile, le yogourt, le vinaigre, la moutarde et l'ail. Au moment de servir, verser sur la salade et mélanger délicatement.

Rincer et éponger les crevettes. Réserver.

Dans un petit bol, mélanger la fécule et l'eau. Réserver.

Dans une grande casserole, chauffer l'huile à feu moyen. Ajouter l'oignon et le faire sauter environ 2 minutes ou jusqu'à ce qu'il soit tendre.

Ajouter le bouillon, le lait, les pâtes, l'ail et le piment. Mélanger. Augmenter le feu et porter à ébullition en brassant constamment. Réduire à feu moyen et laisser mijoter pendant 5 minutes ou jusqu'à ce que les pâtes soient tendres. Ajouter les crevettes et le maïs. Augmenter le feu et porter à ébullition en brassant constamment. Ajouter le mélange de fécule de maïs et d'eau. Brasser jusqu'à ce que le liquide épaississe.

Servir les pâtes garnies de ciboulette et les accompagner de la salade.

Variante : Remplacer les crevettes par des légumineuses telles que les haricots blancs ou les edamames.

5

JEUDI

—

DÎNER

BOÎTE BENTO
« Sucré-salé-acide »

Portions : **4**
Préparation : **10 minutes**
Cuisson : **aucune**
Congélation : **non**

—

120 g de fromage cheddar, coupé en cubes

20 mini tomates, coupées en 2

250 ml (1 tasse) de yogourt grec ou à base de lait de coco

8 biscuits Graham faibles en gras, coupés en 2

POMME-LIME-RAISINS VERTS

1 pomme, coupée en 8

12 raisins verts, coupés en 2

15 ml (1 c. à s.) de jus de lime

ROULÉ BANANE-TOURNESOL

4 tranches de pain de grains entiers

60 ml (¼ tasse) de beurre de tournesol

2 bananes, coupées en 2 dans le sens de la longueur

4 petits bâtonnets ou cure-dents

PRÉPARATION

Répartir le fromage en parts égales dans 4 contenants refermables.

Répartir les tomates en parts égales dans 4 contenants refermables.

Répartir le yogourt en parts égales dans 4 contenants refermables.

Répartir les biscuits en parts égales dans 4 contenants refermables.

Répartir les pommes et les raisins dans 4 autres contenants refermables. Ajouter suffisamment de jus de lime.

Écraser chaque tranche de pain à l'aide d'un rouleau à pâte ou avec les doigts et les tartiner d'environ 15 ml (1 c. à s.) de beurre de tournesol. Déposer un morceau de banane sur chaque tranche, puis la rouler. Retenir les rouleaux avec un petit bâtonnet ou un cure-dents. Placer chaque sandwich dans un contenant refermable.

Conserver au frais jusqu'au moment de servir.

Variante : Comme alternative végane, utiliser du fauxmage au lieu du cheddar.

nutri-note

En composant la boîte bento avec des aliments frais ou peu transformés, on diminue sa consommation de sucre et de sodium.

nutri-note

Le lait de coco léger est beaucoup plus intéressant que le régulier. Il apporte 6 g de gras en moins que la version régulière par portion de 125 ml.

5

JEUDI

SOUPER

CARI DE TOFU *rapide*

Portions : **8**
Préparation : **15 minutes**
Cuisson : **20 minutes**
Congélation : **oui**

À noter : La quantité de cari est déjà doublée pour les lunchs du lendemain. Si vous ne le consommez pas entièrement, vous pouvez le conserver au congélateur de 2 à 3 mois.

- **375 ml** (1 ½ tasse) de riz basmati
- **750 ml** (3 tasses) de bouillon de légumes à teneur réduite en sodium
- **1 L** (4 tasses) de haricots verts surgelés
- **15 ml** (1 c. à s.) d'huile de canola
- **1 oignon**, haché finement
- **2 emballages** de 454 g chacun de tofu ferme nature de type Unisoya, coupé en petits dés
- **1 boîte** de 540 ml de tomates en dés et leur jus, sans sel ajouté
- **1 boîte** de 400 ml de lait de coco allégé
- **45 ml** (3 c. à s.) de pâte de cari rouge
- **2 gousses** d'ail, hachées finement
- **30 ml** (2 c. à s.) de gingembre, haché finement
- **2,5 ml** (½ c. à t.) de piment de Cayenne broyé
- **Au goût**, sel et poivre
- **125 ml** (½ tasse) de coriandre fraîche, hachée finement

PRÉPARATION

Rincer le riz à l'eau froide à l'aide d'un tamis et le mettre dans une grande casserole avec le bouillon. Couvrir et porter à ébullition. Remuer, couvrir à nouveau et cuire à feu doux pendant 20 minutes ou jusqu'à ce que le liquide soit absorbé. Laisser reposer à couvert.

Faire cuire les haricots verts à la vapeur.

Pendant ce temps, faire chauffer l'huile dans une grande poêle à feu vif et faire sauter l'oignon 2 minutes ou jusqu'à ce qu'il soit tendre. Ajouter le tofu et le faire revenir 2 minutes. Ajouter les tomates, le lait de coco, la pâte de cari, l'ail, le gingembre et le piment de Cayenne. Saler et poivrer. Porter à ébullition. Baisser le feu et laisser mijoter 15 minutes ou jusqu'à ce que la sauce épaississe.

Servir le tofu sur le riz, accompagné des haricots. Garnir de coriandre fraîche.

Variante : Remplacer le tofu par du poulet ou du tempeh.

5

VENDREDI

DÎNER

CARI *en thermos*

Portions : **4**
Préparation : **10 minutes**
Cuisson : **5 minutes**
Congélation : **oui**

1 recette de cari de tofu supplémentaire (environ 1 L de cari, voir p. 155)

60 ml (¼ tasse) de yogourt grec nature

PRÉPARATION

Faire bouillir au moins 1 litre d'eau dans une casserole.

Répartir l'eau dans 4 thermos et les fermer hermétiquement.

Laisser l'eau bouillante dans les thermos au moins 10 minutes.

Pendant ce temps, mettre le cari dans une casserole et le faire chauffer. Ajouter un peu de bouillon si nécessaire.

Vider l'eau des thermos avant de les remplir de cari bien chaud.

Répartir le yogourt en parts égales dans 4 petits contenants.

Au moment de servir, garnir le cari de yogourt.

5

VENDREDI

—

SOUPER

FRITTATA à la courge Butternut

Portions : **4**
Préparation : **20 minutes**
Cuisson : **30 minutes**
Congélation : **oui (sauf la salade)**

—

8 gros œufs

125 ml (½ tasse) de lait

125 ml (½ tasse) de cheddar râpé

5 ml (1 c. à t.) d'estragon séché

5 ml (1 c. à t.) de moutarde en poudre

Au goût, sel et poivre

15 ml (1 c. à s.) d'huile de canola

1 oignon, haché finement

250 ml (1 tasse) de pommes de terre, coupées en petits dés

250 ml (1 tasse) de courge Butternut en cubes surgelée

4 tranches de pain de grains entiers

SALADE POIVRON ET MANGUE

30 ml (2 c. à s.) de yogourt grec nature

30 ml (2 c. à s.) de mayonnaise

2,5 ml (½ c. à t.) de moutarde en poudre

30 ml (2 c. à s.) de ciboulette fraîche ciselée

2 poivrons rouges, coupés en petits dés

1 mangue, coupée en petits dés

½ concombre anglais, coupé en petits dés

PRÉPARATION

Préchauffer le four à 180 °C (350 °F).

Dans un grand bol, battre les œufs et le lait. Ajouter le cheddar, l'estragon et la moutarde. Saler, poivrer et mélanger. Réserver.

Faire chauffer l'huile dans une grande poêle allant au four. Faire sauter l'oignon et les pommes de terre en remuant constamment pendant 2 minutes ou jusqu'à ce que l'oignon soit tendre. Ajouter la courge et cuire encore 2 minutes en remuant délicatement.

Retirer la poêle du feu et y verser le mélange d'œufs et de lait.

Cuire au four 25 minutes ou jusqu'à ce que la frittata soit dorée.

Pendant ce temps, préparer la salade. Dans un grand bol, mélanger le yogourt, la mayonnaise, la moutarde et la ciboulette. Ajouter les poivrons, la mangue et le concombre. Mélanger délicatement.

Servir la frittata avec la salade et le pain.

Variante : Remplacer la courge Butternut par de la courge poivrée.

nutri-note
Les courges d'hiver regorgent de vitamine A.

MENU

Semaine 6

	LUNDI	MARDI	MERCREDI	JEUDI	VENDREDI
DÉJEUNER	Œufs cuits durs	Gruau nature préparé avec du lait ou de la boisson de soya enrichie	Beurre d'arachide ou de noix sur muffin anglais de grains entiers	Céréales de grains entiers avec lait ou boisson de soya enrichie	Mini pitas de blé entier farcis de beurre d'arachide et de rondelles de banane
	Rôtie de grains entiers	Garni de noix (au choix), de cubes de pomme (au choix) et d'un filet de miel	Lait ou boisson de soya enrichie	Fruit frais	Lait ou boisson de soya enrichie
	Fruit frais			Noix (au choix)	
COLLATION AM	Tranches de pomme	Yogourt	Fruit frais	Barre tendre maison ou du commerce (8 g de sucre maximum, minimum de 4 g de protéines)	Compote de fruits, sans sucre ajouté
	Beurre de soya (pour tremper les tranches de pomme)		Fromage	Petit contenant de lait ou de boisson de soya enrichie	Graines de citrouille
DÎNER	**TORTILLA DE POULET SAUCE ASIATIQUE**	**SALADE DE PÂTES ET DE LÉGUMINEUSES**	**SANDWICH AU BŒUF ÉPICÉ**	**BOL BOUDDHA AUX CREVETTES ET SÉSAME**	**BOÎTE BENTO « SALADE DE LÉGUMINEUSES »**
	Champignons et tomate	Orzo, lentilles et légumes	Crudités (au choix)	Couscous et crevettes	Légumineuses variées
	Yogourt garni de graines de chia moulues	Crudités (au choix)	Salade de fruits	Concombre, épinards et carottes	Craquelins de grains entiers et tartinade de tofu
		Compote de fruits, sans sucre ajouté		Autres crudités (au choix)	Amandes et fromage
				Compote de fruits, sans sucre ajouté	Carottes, tomate, mangue et raisins verts
					Autre fruit frais
COLLATION PM	Fruit frais	Muffin banane et pavot (p. 217)	Yogourt	Fromage	Boule d'énergie orange et canneberge (p. 215)
	Fromage	Lait ou boisson de soya enrichie		Craquelins de grains entiers	Lait ou boisson de soya enrichie
SOUPER	**AIGLEFIN SAUCE AU PESTO DE TOMATES SÉCHÉES**	**SOUPE EXPRESS AU BŒUF DE STYLE THAÏ**	**CREVETTES AU CARI**	**TOFU SAUTÉ**	**QUÉSADILLA**
	Orzo	Morceaux de fruits frais enrobés de yogourt et saupoudrés de granola faible en gras	Couscous de blé entier	Vermicelles de riz	Salade épicée
	Oignon rouge, champignons et courgettes		Poivrons, carottes et haricots verts	Carottes, poivrons et minis bok choy	Pouding de chia (lait ou boisson de soya et graines de chia) garni de noix de Grenoble
	Pouding au tapioca garni de fraises en petits dés		Morceaux de fruits frais garnis d'un filet de chocolat noir fondu	Fruit frais	

6

LUNDI

DÎNER

TORTILLA DE POULET
sauce asiatique

Portions : **4**
Préparation : **10 minutes**
Cuisson : **aucune**
Congélation : **non**

30 ml (2 c. à s.) de yogourt grec nature

30 ml (2 c. à s.) de mayonnaise

7,5 ml (½ c. à s.) de sauce hoisin

1 ml (¼ c. à t.) de cinq-épices

4 grandes tortillas de blé entier

300 g de poitrines de poulet ou de dinde, cuites et en tranches

Au goût, feuilles de bébés épinards

Variante : Remplacer la volaille par un poisson cuit ou du tofu.

PRÉPARATION

Mélanger le yogourt, la mayonnaise, la sauce hoisin et le cinq-épices dans un petit bol. En tartiner les tortillas.

Répartir la volaille et les épinards.

Rouler les tortillas fermement pour retenir la garniture.

Placer chaque sandwich dans un contenant refermable et conserver au frais jusqu'au moment de servir.

nutri-note

La dinde est une protéine maigre que l'on gagne à intégrer plus souvent au menu.

AIGLEFIN
sauce au pesto de tomates séchées

Portions : **4**
Préparation : **30 minutes**
Cuisson : **15 minutes**
Congélation : **oui**

—

150 g d'orzo (ou autres pâtes alimentaires courtes)

15 ml (1 c. à s.) d'huile d'olive

Au goût, poivre

½ citron (zeste)

½ citron, coupé en tranches fines

500 g (environ 1 lb) de filets d'aiglefin surgelés, décongelés et épongés

60 ml (¼ tasse) de pesto de tomates séchées

1 petit oignon rouge, coupé en gros morceaux

1 contenant de 227 g de champignons, coupés en 2

7,5 ml (½ c. à s.) de basilic séché

2 courgettes, coupées sur le sens de la longueur

15 ml (1 c. à s.) de chapelure

15 ml (1 c. à s.) de parmesan

—

Variante : Remplacer l'orzo par des pâtes alimentaires de type Smart ou de grains entiers.

À prévoir : Cuire 150 g d'orzo (ou autres pâtes alimentaires courtes) de plus pour les lunchs du lendemain.

PRÉPARATION

Préchauffer le four à 200 °C (400 °F).

Faire cuire les pâtes selon les instructions sur l'emballage (voir note « À prévoir »). Égoutter. Si vous avez fait cuire la quantité supplémentaire d'orzo pour les lunchs du lendemain, retirez-la et conservez-la au réfrigérateur.

Dans les pâtes restantes, ajouter l'huile, le poivre et le zeste d'un demi-citron.

Déposer les filets de poisson sur une plaque de cuisson avec rebords recouverte de papier parchemin. Répartir 30 ml (2 c. à s.) de pesto sur le poisson.

Couper le restant du citron en fines tranches et les mettre sur le poisson. Poivrer. Déposer l'oignon et les champignons sur une autre plaque de cuisson avec rebords recouverte de papier parchemin. Ajouter 15 ml (1 c. à s.) de pesto et le basilic. Mélanger pour bien enrober les légumes avec le pesto.

Sur la même plaque de cuisson, placer les 4 demi-courgettes, la partie coupée vers le haut. Répartir 15 ml (1 c. à s.) de pesto sur le dessus des courgettes. Saupoudrer de chapelure et de parmesan. Poivrer. Mettre le poisson et les légumes au four.

Cuire le poisson de 8 à 10 minutes selon l'épaisseur ou jusqu'à ce que la chair se détache facilement à la fourchette. Au besoin, prolonger la cuisson des légumes de 2 à 4 minutes ou plus, selon l'épaisseur des courgettes.

Servir le poisson avec les pâtes, accompagné des courgettes, de l'oignon et des champignons.

nutri-note

L'aiglefin est un poisson maigre au goût délicat qui plaira à toute la famille.

nutri-note

La mangue est un fruit riche en vitamine A, qui parfume à souhait les plats.

6

MARDI

—

DÎNER

SALADE DE PÂTES *et de légumineuses*

Portions : **4**
Préparation : **10 minutes**
Cuisson : **aucune**
Congélation : **non**

—

1 boîte de 540 ml de lentilles, rincées et égouttées

2 poivrons jaunes, coupés en petits dés

250 ml (1 tasse) d'orzo cuit (ou autres pâtes alimentaires courtes)

1 grosse tomate, coupée en morceaux

500 ml (2 tasses) de feuilles de bébés épinards

1 mangue, coupée en petits dés

120 g de fromage Monterey Jack, coupé en petits dés

30 ml (2 c. à s.) de vinaigre balsamique

30 ml (2 c. à s.) d'huile d'olive

1 gousse d'ail, hachée finement

30 ml (2 c. à s.) de feuilles de menthe fraîches, hachées finement

Au goût, sel et poivre

PRÉPARATION

Dans un grand bol, mélanger les lentilles, les poivrons, l'orzo, la tomate, les épinards, la mangue et le fromage.

Dans un petit bol, battre le vinaigre et l'huile. Ajouter l'ail et mélanger. Verser la vinaigrette sur la salade. Ajouter la menthe hachée. Saler et poivrer. Mélanger la salade.

Répartir en quatre parts égales dans des contenants refermables.

Conserver au frais jusqu'au moment de servir.

Variante : Remplacer les lentilles par des haricots noirs.

6

MARDI

—

SOUPER

Portions : **4**
Préparation : **15 minutes**
Cuisson : **15 minutes**
Congélation : **oui**

—

750 ml (3 tasses) de bouillon de bœuf à teneur réduite en sodium

500 ml (2 tasses) d'eau

15 ml (1 c. à s.) de sauce de poisson

1 lime (jus)

5 ml (1 c. à t.) de gingembre moulu

340 g (environ ¾ lb) de bœuf à fondue frais ou décongelé

170 g de vermicelles de riz

250 ml (1 tasse) de carottes, râpées grossièrement

4 champignons blancs, finement tranchés

1 grosse tomate, coupée en morceaux

500 ml (2 tasses) de fèves germées

80 ml (⅓ tasse) de coriandre fraîche, hachée finement

60 ml (¼ tasse) de lait de coco allégé

Au goût, sauce sriracha

Au goût, arachides grillées, hachées (facultatif)

SOUPE EXPRESS *au bœuf de style thaï*

À prévoir : Cuire 340 g de bœuf de plus (il restera environ 240 g une fois cuit) pour les lunchs du lendemain.

PRÉPARATION

Dans une grande casserole, verser le bouillon, l'eau, la sauce de poisson, le jus de lime et le gingembre. Couvrir et porter à ébullition.

Dans le bouillon en ébullition, cuire le bœuf environ 1 minute en détachant chaque tranche (voir note « À prévoir »). Retirer le bœuf et réserver. Si vous avez fait cuire la quantité supplémentaire de bœuf pour les lunchs du lendemain, retirez-la et conservez-la au réfrigérateur.

Dans le bouillon toujours en ébullition, mettre les vermicelles et les carottes. Cuire 3 minutes.

Remettre la viande dans la casserole. Ajouter les champignons, la tomate et les fèves germées. Porter de nouveau à ébullition et retirer du feu. Ajouter ensuite la coriandre et le lait de coco. Mélanger.

Servir immédiatement dans des bols. Garnir de sauce sriracha et d'arachides (facultatif). Arroser d'un filet de jus de lime (facultatif).

Variante : Remplacer le bœuf par du tofu ou des crevettes. Remplacer le bouillon de bœuf par du bouillon de légumes ou de poulet.

nutri-note

Une soupe-repas équilibrée doit inclure une source de protéines (animales ou végétales).

6

MERCREDI

—

DÎNER

SANDWICH *au bœuf épicé*

Portions : **4**
Préparation : **10 minutes**
Cuisson : **aucune**
Congélation : **non**

—

4 pains minces de grains entiers, grillés

30 ml (2 c. à s.) de yogourt grec nature

30 ml (2 c. à s.) de mayonnaise

30 ml (2 c. à s.) de coriandre fraîche, hachée finement

1 ml (¼ c. à t.) de gingembre moulu

2,5 ml (½ c. à t.) de sirop d'érable

5 gouttes de sauce sriracha (ou plus)

240 g (environ ½ lb) de fines tranches de bœuf cuit

500 ml (2 tasses) de carottes, râpées

Au goût, feuilles de bébés épinards

—

Variante : Remplacer les pains minces par des tortillas de blé entier.

PRÉPARATION

Ouvrir chaque pain mince en deux.

Mélanger le yogourt, la mayonnaise, la coriandre, le gingembre, le sirop d'érable et la sauce sriracha dans un petit bol. En tartiner les pains.

Répartir le bœuf et les légumes sur une des moitiés de chaque pain mince. Couvrir de l'autre moitié.

Placer chaque sandwich dans un contenant refermable et conserver au frais jusqu'au moment de servir.

nutri-note

—

Le bœuf offre une source significative de fer, lequel contribue à prévenir l'anémie.

nutri-note

L'utilisation de bouillon faible en sodium favorise le respect des recommandations en termes d'apport maximal en sodium.

CRECRE

CREVETTES *au cari*

Portions : **4**
Préparation : **30 minutes**
Cuisson : **30 minutes**
Congélation : **oui**

—

COUSCOUS

180 ml (¾ tasse) de couscous de blé entier

180 ml (¾ tasse) de bouillon de poulet à teneur réduite en sodium

INGRÉDIENTS

500 ml (2 tasses) de bouillon de poulet à teneur réduite en sodium

15 ml (1 c. à s.) de fécule de maïs

125 ml (½ tasse) de lait de coco allégé

30 ml (2 c. à s.) d'huile de canola

500 g (environ 1 lb) de crevettes crues surgelées, décortiquées, décongelées et épongées

2 poivrons rouges, coupés en lanières

4 carottes, coupées en rondelles très minces

250 ml (1 tasse) de haricots verts surgelés

125 ml (½ tasse) d'eau

45 ml (3 c. à s.) de pâte de cari rouge

—

Variante : Remplacer les crevettes par du tofu, du poulet ou du porc.

À prévoir : Pour les lunchs du lendemain, doubler la quantité de couscous et de bouillon de la recette actuelle. Faire également cuire 500 g de crevettes de plus (il en restera environ 300 g une fois cuites).

PRÉPARATION

Mettre le couscous dans un grand bol. Réserver (voir note « À prévoir »). Verser le bouillon dans une casserole. Porter à ébullition. Verser le liquide sur le couscous. Couvrir et laisser reposer pendant 5 minutes, ou jusqu'à ce que tout le liquide soit absorbé. Défaire le couscous à la fourchette avant de servir. Si vous avez fait cuire la quantité supplémentaire de couscous pour les lunchs du lendemain, retirez-la et conservez-la au réfrigérateur.

Pendant ce temps, dans un grand bol, mélanger le bouillon, la fécule de maïs et le lait de coco. Réserver.

Chauffer l'huile dans une très grande poêle et cuire les crevettes à feu vif environ 2 minutes de chaque côté ou jusqu'à ce qu'elles soient rosées de chaque côté (voir note « À prévoir »). Retirer les crevettes de la poêle et les garder au chaud. Si vous avez fait cuire la quantité supplémentaire de crevettes pour les lunchs du lendemain, retirez-la et conservez-la au réfrigérateur.

Dans la même poêle, ajouter les poivrons, les carottes, les haricots verts et l'eau. Cuire environ 5 minutes ou jusqu'à ce que les légumes soient tendres. Ajouter les crevettes et la pâte de cari et mélanger. Ajouter le mélange de fécule et de liquides. Porter à ébullition en remuant constamment. Baisser le feu et cuire 2 minutes ou jusqu'à ce que le liquide soit légèrement épaissi.

Servir le mélange de crevettes et de légumes sur le couscous.

6

JEUDI

—

DÎNER

Portions : **4**
Préparation : **15 minutes**
Cuisson : **aucune**
Congélation : **non**

—

BOL BOUDDHA *aux crevettes et sésame*

POUR LA SAUCE

80 ml (⅓ tasse) de yogourt grec nature

30 ml (2 c. à s.) de mayonnaise

5 ml (1 c. à t.) d'huile de sésame rôti

POUR LA GARNITURE

300 g de crevettes cuites (environ 20 grosses), décortiquées et sans la queue

375 ml (1 ½ tasses) de couscous de blé entier cuit

1 concombre, coupé en demi-rondelles

750 ml (3 tasses) de feuilles de bébés épinards

250 ml (1 tasse) de carottes, râpées grossièrement

4 oignons verts, hachés finement

20 ml (4 c. à t.) de graines de sésame noires et blanches

—

Variante : Jazzer le bol avec des légumes et des herbes que vous avez sous la main (fèves germées, coriandre fraîche, poivrons, etc.).

PRÉPARATION

Dans un petit bol, mélanger les ingrédients de la sauce. Verser la sauce, en parts égales, dans quatre petits contenants refermables.

Répartir en parts égales dans quatre contenants refermables les crevettes, le couscous, le concombre, les épinards, les carottes et les oignons verts. Les disposer côte à côte. Saupoudrer les graines de sésame sur la garniture de chacun des contenants refermables.

Conserver au frais. Au moment de servir, garnir de sauce.

nutri-note

Les graines de sésame apportent de bons gras et du calcium.

nutri-note

Opter pour une sauce soya réduite en sodium pour vous aider à ne pas dépasser l'apport maximal suggéré pour ce minéral.

6

JEUDI

SOUPER

TOFU *sauté*

Portions : **4**
Préparation : **15 minutes**
Cuisson : **20 minutes**
Congélation : **oui**

SAUCE

60 ml (¼ tasse) de sauce soya à teneur réduite en sodium

30 ml (2 c. à s.) d'huile de sésame

15 ml (1 c. à s.) de sauce aux huîtres

10 ml (2 c. à t.) de miel liquide

5 ml (1 c. à t.) de sambal oelek

INGRÉDIENTS

125 g de vermicelles de riz

15 ml (1 c. à s.) d'huile de canola

1 emballage de 454 g de tofu ferme nature de type Unisoya, émietté

2 œufs, battus

4 carottes, râpées grossièrement

2 poivrons rouges, coupés en lanières

6 minis bok choys, coupés en 4 dans le sens de la longueur

4 oignons verts, tranchés minces

15 ml (1 c. à s.) de cari en poudre

Variante : Remplacer les vermicelles de riz par du riz ou des nouilles de sarrasin.

PRÉPARATION

Mélanger les ingrédients de la sauce dans un bol.

Cuire les vermicelles de riz selon les instructions sur l'emballage. Égoutter et réserver.

Faire chauffer l'huile dans une poêle et cuire le tofu émietté à feu moyen pendant 5 minutes en remuant de temps à autre. Ajouter les œufs en remuant, cuire 2 minutes ou jusqu'à ce que les œufs soient cuits. Retirer les aliments de la poêle et les garder au chaud.

Dans la même poêle, mettre les carottes et les poivrons. Ajouter de l'huile au besoin. Cuire 3 minutes ou jusqu'à ce que les légumes soient tendres. Ajouter les minis bok choy et poursuivre la cuisson 3 minutes. Mettre les oignons verts, le cari et remettre le mélange de tofu et d'œufs et faire revenir le tout en remuant environ 3 minutes.

Ajouter les vermicelles de riz et la sauce. Mélanger pour bien répartir la sauce.

Servir immédiatement.

nutri_note

La boîte bento combine une belle variété d'aliments permettant d'apporter une multitude de nutriments essentiels différents.

6

VENDREDI

DÎNER

BOÎTE BENTO
« salade de légumineuses »

Portions : **4**
Préparation : **15 minutes**
Cuisson : **aucune**
Congélation : **non**

SALADE DE LÉGUMINEUSES

1 boîte de 540 ml de légumineuses mélangées, égouttées et rincées

1 branche de céleri, coupée en petits dés

1 oignon vert, haché finement

60 ml (¼ tasse) de coriandre fraîche, hachée finement

30 ml (2 c. à s.) de graines de tournesol

15 ml (1 c. à s.) d'huile d'olive

Au goût, sel et poivre

INGRÉDIENTS

2 carottes, coupées en lamelles

1 tomate, coupée en 8

60 ml (¼ tasse) de tartinade de tofu du commerce

60 g de craquelins de grains entiers

60 ml (¼ tasse) d'amandes entières nature

120 g de fromage Monterey Jack, coupé en cubes

1 mangue, coupée en cubes

20 raisins verts

PRÉPARATION

Dans un grand bol, mélanger les ingrédients de la salade de légumineuses. Répartir en quatre parts égales dans des contenants refermables.

Répartir les carottes et les tomates en parts égales dans quatre contenants refermables.

Répartir la tartinade de tofu en parts égales dans quatre contenants refermables.

Répartir les craquelins et les amandes en parts égales dans quatre contenants refermables.

Répartir le fromage en parts égales dans quatre contenants refermables.

Répartir la mangue et les raisins en parts égales dans quatre contenants refermables.

Conserver au frais jusqu'au moment de servir.

Variante : Remplacer les amandes par des pois chiches rôtis, surtout s'il est interdit d'apporter des arachides ou des noix en milieu scolaire.

6

VENDREDI

SOUPER

QUÉSADILLA

Portions : **4**
Préparation : **20 minutes**
Cuisson : **16 minutes**
Congélation : oui
pour la quésadilla

QUÉSADILLAS

1 emballage de 340 g de « sans-viande haché » à la mexicaine

3 tomates, coupées en petits dés

150 g de fromage Monterey Jack, râpé grossièrement

8 grandes tortillas de blé entier

SALADE ÉPICÉE

4 branches de céleri, coupées en petits dés

1 poivron rouge, coupé en petits dés

60 ml (¼ tasse) d'oignon rouge, coupé en petits dés

1 ml (¼ c. à t.) de cumin moulu

1 ml (¼ c. à t.) de poudre de chili

15 ml (1 c. à s.) d'huile d'olive

½ lime (jus et zeste)

PRÉPARATION

Dans un grand bol, mettre le « sans-viande haché » et le défaire en petits morceaux à l'aide d'une fourchette. Ajouter les tomates et le fromage. Bien mélanger. Répartir le mélange uniformément sur toute la surface de 4 tortillas. Couvrir des 4 tortillas restantes.

Dans une grande poêle, mettre une première quésadilla. Faire cuire environ 2 minutes ou jusqu'à ce que le dessous soit doré. Tourner et faire cuire l'autre côté environ 2 minutes ou jusqu'à ce que ce côté soit doré et que la garniture soit chaude.

Mélanger les ingrédients de la salade.

Servir les quésadillas avec la salade.

Variante : Remplacer le « sans-viande haché » par du tofu émietté ou du bœuf haché maigre.

nutri-note

En remplaçant le « sans-viande haché » par du tofu ou de la protéine végétale texturée (PVT), on diminue la quantité de sodium.

DES LUNCHS
pour tous les goûts

Les 6 semaines de menus vous ont permis de découvrir 30 suggestions de lunchs faits à partir des repas de la veille. Nous vous présentons ici 20 idées supplémentaires qui sauront plaire à tous, les carnivores comme les végés ou les véganes.

SALADE D'ORZO
et de tofu fumé

nutri-note

Ceux qui ont peur de ne pas aimer le tofu apprécieront sa version fumée dont le goût rappelle les saucisses à hot-dog ! Gageons que toute la famille adorera !

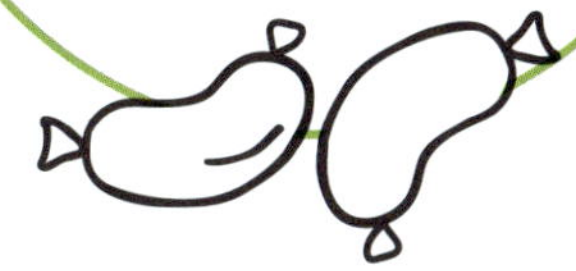

Portions : **4**
Préparation : **10 minutes**
Cuisson : **7 minutes**

180 ml (⅔ tasse) d'orzo

2 emballages (420 g) de tofu fumé

250 ml (1 tasse) de champignons blancs

250 ml (1 tasse) de bébés épinards

250 ml (1 tasse) de fèves germées

VINAIGRETTE

45 ml (3 c. à s.) d'huile de canola

5 ml (1 c. à t.) d'huile de sésame

30 ml (2 c. à s.) de sauce soya à teneur réduite en sodium

Le jus d'une lime

Variante : Remplacer l'orzo par des pâtes de blé entier.

PRÉPARATION

Faire cuire l'orzo en suivant les instructions sur l'emballage.

Pendant ce temps, couper le tofu en petits cubes, puis trancher les champignons. Réserver.

Dans un bol, mélanger les huiles, la sauce soya et le jus de lime. Fouetter jusqu'à l'obtention d'un mélange homogène.

Dans un saladier, déposer l'orzo, le tofu, les fèves germées, les épinards, les champignons et la vinaigrette. Bien mélanger.

BOÎTE À LUNCH COMPLÈTE

1 portion de Salade d'orzo et de tofu fumé

1 jus (150 ml) de légumes à teneur réduite en sodium

100 g de yogourt grec à la vanille + 60 ml (¼ tasse) de framboises

Collation matin : 60 ml (¼ tasse) de Pois chiches rôtis (voir recette p. 206) + 30 ml (2 c. à s.) de canneberges séchées

Collation après-midi : 1 portion de Choco-chia (voir recette p. 206)

SALADE DE LÉGUMINEUSES, *mangue et coriandre*

nutri-note

Saviez-vous qu'un gène est responsable de la manière dont vous percevez la saveur de la coriandre ? Ainsi, pour certains, cette herbe affiche des notes olfactives désagréables de savon !

Portions : **4**
Préparation : **10 minutes**
Cuisson : **aucun**

—

250 ml (1 tasse) d'edamames surgelés

1 boîte (540 ml) de pois chiches, rincés et égouttés

½ mangue, coupée en dés

1 poivron, coupé en dés

1 carotte, râpée

Au goût, coriandre

VINAIGRETTE

60 ml (¼ tasse) de yogourt grec nature à 0 % de M.G.

30 ml (2 c. à s.) de jus de lime ou de vinaigre de riz

15 ml (1 c. à s.) de beurre de noix

2,5 ml (½ c. à t.) d'huile de sésame

5 ml (1 c. à t.) de miel

5 ml (1 c. à t.) de gingembre râpé

—

Variante : Remplacer les edamames par des cubes de tofu ferme.

PRÉPARATION

Préparer les edamames en suivant les indications sur l'emballage.

Pendant ce temps, rincer les pois chiches puis les déposer dans un grand bol. Ajouter le reste des ingrédients.

Dans un petit bol, mettre tous les ingrédients de la vinaigrette puis bien mélanger. Incorporer la vinaigrette à la salade.

BOÎTE À LUNCH COMPLÈTE

1 portion de Salade de légumineuses, mangue et coriandre

30 g de fromage allégé

Un pouding de soya à la vanille

Collation matin : 1 poire + 10 amandes

Collation après-midi : 250 ml (1 tasse) de crudités + 30 ml (2 c. à s.) de houmous

SALADE DE PENNES
poulet et balsamique

nutri-note

Les pennes de blé entier contiennent près de trois fois plus de fibres que sous leur version raffinée.

Portions : **4**
Préparation : **10 minutes**
Cuisson : **20 minutes**

—

500 ml (2 tasses) de pennes de grains entiers

200 g de poitrines de poulet grillées

250 ml (1 tasse) de brocoli en fleurons

250 ml (1 tasse) de poivron rouge, émincé

VINAIGRETTE

45 ml (3 c. à s.) d'huile végétale

30 ml (2 c. à s.) de vinaigre balsamique

2,5 ml (½ c. à t.) de moutarde de Dijon

2,5 ml (½ c. à t.) de moutarde à l'ancienne

5 ml (1 c. à t.) de sirop d'érable

—

Variante : Remplacer le poulet par 2 boîtes de thon en conserve.

PRÉPARATION

Faire cuire les pâtes selon les instructions sur l'emballage. Une fois cuites, les rincer à l'eau froide puis les déposer dans un saladier.

Pendant ce temps, mettre tous les ingrédients nécessaires à la vinaigrette dans un bol. Fouetter jusqu'à l'obtention d'un mélange homogène.

Couper le poulet en morceaux puis l'ajouter aux pâtes. Ajouter les fleurons de brocoli, le poivron ainsi que la vinaigrette.

BOÎTE À LUNCH COMPLÈTE

1 portion de Salade de pennes poulet et balsamique

1 jus (150 ml) de légumes à teneur réduite en sodium

1 portion de Compote à pommes épicée (voir recette p. 209)

Collation matin : 125 ml (½ tasse) de fromage cottage + 125 ml (½ tasse) de framboises

Collation après-midi : 200 ml de boisson de soya enrichie à la vanille

SANDWICH AU BŒUF
et houmous à la betterave

nutri-note

Appréciée pour son goût poivré, la roquette est tellement savoureuse qu'elle peut être utilisée comme base dans une recette de pesto !

Portions : **4**
Préparation : **10 minutes**
Cuisson : **7 minutes**

—

5 ml (1 c. à t.) d'huile de canola

250 g de bœuf (viande à fondue chinoise)

1 gousse d'ail, émincée

125 ml (½ tasse) de bouillon de bœuf à teneur réduite en sodium

4 muffins anglais de blé entier

125 ml (½ tasse) de houmous à la betterave

120 g de fromage allégé, coupé en tranches

250 ml (1 tasse) de roquette

—

Variante : Varier la saveur du houmous pour obtenir un sandwich différent. On peut également opter pour une tartinade de tofu ou un tzatziki.

PRÉPARATION

Dans une poêle, verser l'huile et faire griller le bœuf à feu moyen-vif. Lorsque la viande commence à colorer, ajouter le bouillon de bœuf et l'ail, puis laisser réduire. Une fois le bouillon réduit, retirer du feu.

Répartir le houmous à la betterave sur les muffins anglais. Ajouter le bœuf, le fromage et la roquette. Assembler les sandwichs.

BOÎTE À LUNCH COMPLÈTE

1 Sandwich au bœuf et houmous à la betterave

125 ml (½ tasse) de concombre en rondelles

100 g de yogourt grec aromatisé

Collation matin : 2 craquelins de seigle + 30 ml (2 c. à s.) de fromage à tartiner allégé

Collation après-midi : 125 ml (½ tasse) de Compote à la pomme épicée (voir recette p. 209) + 15 ml (1 c. à s.) de pistaches

SALADE D'ORGE,
porc et orange

nutri-note

Saviez-vous qu'il existe plus d'une trentaine de variétés de chou chinois? Le bok choy est sans doute le plus populaire au Québec.

Portions : **4**
Préparation : **10 minutes**
Cuisson : **30 minutes**

250 ml (1 tasse) d'orge perlé sec

200 g de rôti de porc

1 contenant (227 g) de champignons blancs

2 mini bok choy

1 orange

VINAIGRETTE

5 ml (1 c. à t.) d'huile de canola

30 ml (2 c. à s.) de jus d'orange

15 ml (1 c. à s.) de sauce soya

15 ml (1 c. à s.) de miel

Variante : Le temps manque pour la cuisson de l'orge perlé ? On peut le remplacer par une conserve de lentilles.

PRÉPARATION

Cuire l'orge perlé en suivant les indications sur l'emballage.

Émincer le rôti de porc, les champignons et les bok choys. Détailler l'orange en suprêmes.

Dans un petit bol, mettre tous les ingrédients de la vinaigrette. Bien mélanger.

Dans un saladier, combiner l'orge, le porc, les champignons, les bok choys, les suprêmes d'orange et la vinaigrette.

BOÎTE À LUNCH COMPLÈTE

1 portion de Salade d'orge, porc et orange

125 ml (½ tasse) de carottes nantaises

100 g de yogourt grec aromatisé

Collation matin : 60 ml (¼ tasse) d'edamames rôtis
+ 15 ml (1 c. à s.) de canneberges séchées

Collation après-midi : Une pomme + 30 g de fromage allégé

TORTILLA
dinde-asperge

nutri-note

Votre miel est cristallisé? Faites chauffer de l'eau dans un chaudron. Lorsqu'elle bout, retirez du feu et trempez votre pot de miel dans l'eau chaude. Ne chauffez jamais le miel au micro-ondes !

Portions : **4**
Préparation : **10 minutes**
Cuisson : **5 minutes**

—

20 asperges de taille moyenne

30 ml (2 c. à s.) de moutarde jaune

10 ml (2 c. à t.) de miel

4 petites tortillas de blé entier

320 g de poitrines de dinde tranchée

120 g de tranches de fromage suisse (environ 1 ½ tranche par tortilla)

—

Variante : Pourquoi ne pas essayer cette recette au brunch en substituant des crêpes de blé entier aux tortillas ?

PRÉPARATION

Faire cuire les asperges au micro-ondes dans un peu d'eau pendant 3 minutes.

Pendant ce temps, mélanger la moutarde et le miel, puis en tartiner les tortillas.

Répartir les asperges, la dinde et le fromage sur les tortillas, puis les rouler fermement pour retenir la garniture.

BOÎTE À LUNCH COMPLÈTE

1 Tortilla dinde-asperge

125 ml (½ tasse) de tomates cerises

8 amandes

125 ml (½ tasse) de salade de fruits

Collation matin : Une poire + 125 ml (½ tasse) de fromage cottage

Collation après-midi : 2 Boules d'énergie aux pommes (voir recette p. 207)

QUÉSADILLAS
au tempeh et au pesto

Portions : **4**
Préparation : **15 minutes**
Cuisson : **20 minutes**

200 g de tempeh

4 petites tortillas

30 ml (2 c. à s.) de pesto

125 ml (½ tasse) de fromage cheddar allégé, râpé

½ poivron, émincé

nutri-note

Le tempeh résulte de la fermentation du soya. Lors de celle-ci, la teneur de certains nutriments augmente. C'est pourquoi, en comparaison avec le tofu, le tempeh contient 20 % plus de protéines, 3 fois plus de calcium et de cuivre, ainsi que 2 fois plus de magnésium et de phosphore. Une protéine végétale à découvrir !

PRÉPARATION

Sur le feu, porter de l'eau à ébullition. Lorsqu'elle bout, déposer le tempeh dans la casserole et laisser mijoter 10 minutes.

Pendant ce temps, tartiner les tortillas de pesto.

Après 10 minutes, retirer le tempeh de l'eau puis le couper en fines lanières.

Sur deux tortillas, répartir le tempeh, le fromage et le poivron. Refermer à l'aide des deux tortillas restantes.

Tapisser une plaque de cuisson de papier parchemin. Mettre les quésadillas sur la plaque puis enfourner 10 minutes.

Variante : Remplacer le tempeh par du poulet.

BOÎTE À LUNCH COMPLÈTE

½ Quésadilla au tempeh et au pesto

Un jus (150 ml) de légumes à teneur réduite en sodium

10 amandes

125 ml (½ tasse) de cantaloup

Collation matin : 1 portion de Choco-chia (voir recette p. 206)

Collation après-midi : 125 ml (½ tasse) de brocoli en fleurons + 30 ml (2 c. à s.) de tartinade de tofu

PITA AU THON
et au pesto de tomates séchées

nutri-note

Lorsque vous achetez du poisson, recherchez le logo MSC pour encourager la pêche durable. Pour plus d'informations sur le sujet : www.msc.org.

Portions : **4**
Préparation : **5 minutes**
Cuisson : **aucun**

—

2 boîtes (170 g chacune) de thon dans l'eau

45 ml (3 c. à s.) de pesto aux tomates séchées

30 ml (2 c. à s.) de yogourt grec nature à 0 % de M.G.

30 ml (2 c. à s.) d'olives noires tranchées

8 tranches de pain de blé entier

250 ml (1 tasse) de bébés épinards

—

Variante : Remplacer le thon par du poulet ou du tofu.

PRÉPARATION

Égoutter le thon en conserve puis le déposer dans un petit bol. Ajouter le pesto de tomates séchées, le yogourt grec et les olives noires. Bien mélanger.

Répartir la préparation de thon et les épinards sur 4 tranches de pain. Refermer les sandwichs avec les tranches de pain restantes.

BOÎTE À LUNCH COMPLÈTE

1 Pita au thon et au pesto de tomates séchées

125 ml (½ tasse) de haricots verts et jaunes

1 portion (environ 100 g) de pouding au riz

Collation matin : 80 ml (⅓ tasse) de Pois chiches rôtis (voir recette p. 206)

Collation après-midi : 125 ml (½ tasse) de bleuets + 100 g de yogourt

SALADE DE KALE,
quinoa et saumon

nutri-note

Le kale sera plus savoureux et plus tendre si vous laissez macérer la vinaigrette pendant quelques minutes avant de le consommer.

Portions : **4**
Préparation : **10 minutes**
Cuisson : **15 minutes**

—

180 ml (⅔ tasse) de quinoa

750 ml (3 tasses) de kale, finement émincé

125 ml (½ tasse) de carottes, râpées

125 ml (½ tasse) de betteraves, râpées

45 ml (3 c. à s.) d'huile végétale

45 ml (3 c. à s.) de vinaigre de riz

15 ml (1 c. à s.) de sucre

300 g de saumon cuit

1 citron (jus)

—

PRÉPARATION

Cuire le quinoa en suivant les indications sur l'emballage.

Dans un grand bol, déposer le quinoa cuit, le kale émincé, les carottes râpées et la betterave râpée.

Dans un petit contenant, mélanger l'huile, le vinaigre de riz et le sucre. Ajouter au reste des ingrédients puis brasser à nouveau.

Laisser reposer au réfrigérateur pendant 30 minutes minimum. Au moment de servir, déposer un morceau de saumon sur la salade puis asperger le tout de jus de citron.

Variante : Bien que le kale, ou chou frisé, soit particulièrement populaire, les autres variétés de chou ne sont pas en reste en ce qui a trait aux valeurs nutritives. On peut remplacer le chou frisé par un chou rouge, napa, ou même des choux de Bruxelles.

BOÎTE À LUNCH COMPLÈTE

1 portion de Salade de kale, quinoa et saumon

Un jus (150 ml) de légumes à teneur réduite en sodium

1 portion de Compote à la pomme épicée (voir recette p. 209)

Collation matin : 200 ml de boisson de soya enrichie à la vanille

Collation après-midi : 125 ml (½ tasse) de fromage cottage + 60 ml (¼ tasse) de fraises tranchées

SALADE MELON-
bocconcini

nutri-note

En plus d'être riche en gras insaturés (qui sont bons pour la santé cardiovasculaire), l'avocat est une excellente source de fibres solubles et insolubles !

Portions : **4**
Préparation : **5 minutes**
Cuisson : **3 minutes**

—

250 ml (1 tasse) d'edamames

500 ml (2 tasses) de melon d'eau en cubes

16 mini bocconcinis, coupés en deux

Basilic

1 citron (jus)

Sel, poivre

—

Variante : Remplacer les bocconcinis par du fromage feta.

PRÉPARATION

Préparer les edamames en suivant les indications sur l'emballage.

Dans un bol, déposer les cubes de melon, le fromage, les edamames et le basilic. Arroser de citron, puis ajouter une pincée de sel et de poivre.

BOÎTE À LUNCH COMPLÈTE

1 portion de Salade melon-bocconcini

1 œuf cuit dur

Mousse choco-lime (voir recette p. 209)

Collation matin : 2 craquelins de seigle + 30 ml (2 c. à s.) de houmous

Collation après-midi : 100 g de yogourt grec aromatisé + 60 ml (¼ tasse) de mûres

SALADE DE CAROTTES
et raisins secs, avec œufs

nutri-note

Les edamames sont des fèves de soya récoltées avant qu'elles ne viennent à maturité. Tout comme les autres produits du soya, ils sont une excellente source de protéine végétale.

Portions : **4**
Préparation : **10 minutes**
Cuisson : **8 minutes**

—

180 ml (¾ tasse) d'edamames

375 ml (1 ½ tasse) de carottes, râpées

60 ml (¼ tasse) de raisins secs

30 ml (2 c. à s.) d'huile végétale

30 ml (2 c. à s.) de vinaigre de vin blanc

2 œufs, cuits durs

—

Variante : Remplacer les carottes par du panais pour un goût légèrement sucré.

PRÉPARATION

Préparer les edamames en suivant les instructions sur l'emballage.

Dans un grand bol, déposer les edamames, les carottes, les raisins secs, l'huile végétale et le vinaigre de vin blanc. Bien mélanger.

Couper les œufs en deux et servir avec la salade.

BOÎTE À LUNCH COMPLÈTE

1 portion de Salade de carottes et raisins secs, avec œufs

20 g de craquelins de blé entier

30 g de fromage allégé

125 ml (½ tasse) d'ananas

Collation matin : 125 ml (½ tasse) de brocoli en fleurons + 8 amandes

Collation après-midi : 200 ml de boisson de soya enrichie à la vanille

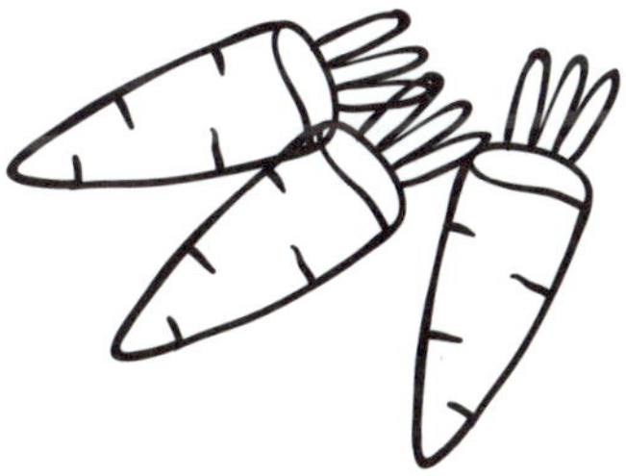

SALADE DE BETTE À CARDE, *crevettes et bleuets*

nutri-note

La bette à carde provient de la même famille que la betterave. Alors que la tige est croquante et sucrée, la feuille est plus douce et souple. Le légume entier se consomme, évitons le gaspillage !

Portions : **4**
Préparation : **8 minutes**
Cuisson : **aucun**

—

1 L (4 tasses) de bette à carde, ciselée

250 g de crevettes cuites

1 poivron jaune, émincé

½ concombre anglais, coupé en dés

60 ml (¼ tasse) d'amandes

500 ml (2 tasses) de bleuets

VINAIGRETTE

125 ml (½ tasse) de bleuets

15 ml (1 c. à s.) de jus de citron

30 ml (2 c. à s.) d'huile végétale

5 ml (1 c. à t.) de miel

—

Variante : Impossible de trouver de la bette à carde ? On peut la remplacer par la verdure de son choix. Les bébés épinards sont délicieux dans cette recette, par exemple.

PRÉPARATION

Mélanger tous les ingrédients de la salade.

Dans un bol à part, mettre les ingrédients de la vinaigrette. À l'aide d'un mélangeur à main, fouetter les ingrédients jusqu'à ce que le tout soit homogène. Au moment de servir, ajouter la vinaigrette à la préparation.

BOÎTE À LUNCH COMPLÈTE

1 portion de Salade de bette à carde, crevettes et bleuets

Un jus (150 ml) de légumes à teneur réduite en sodium

1 portion de Choco-chia (voir recette p. 206)

Collation matin : 2 clémentines + 30 g de fromage allégé

Collation après-midi : 2 Boules d'énergie aux pommes (voir recette p. 207)

nutri-note

Les protéines végétales texturées, communément appelées PVT, sont le sous-produit d'une extraction effectuée pour produire l'huile de soya. Une portion de seulement 10 g de PVT contient 5 g de protéines, 2 g de fibres et seulement 30 calories. Puisque la saveur est très subtile, la protéine végétale texturée peut s'intégrer facilement à plusieurs plats. Vous la trouverez dans les épiceries santé ou les magasins d'alimentation en vrac.

BOL BOUDDHA
pêche et menthe

Portions : **4**
Préparation : **10 minutes**
Cuisson : **5 minutes**

180 ml (¾ tasse) de couscous de blé entier

2 pêches

1 poivron jaune

250 ml (1 tasse) de haricots rouges, égouttés

250 ml (1 tasse) de protéine végétale texturée

Menthe fraîche

VINAIGRETTE

45 ml (3 c. à s.) de yogourt grec nature à 0 % de M.G.

45 ml (3 c. à s.) de sauce au sésame de type Wafu

5 ml (1 c. à t.) de miel

Au goût, sauce piquante

Variante : Remplacer la protéine végétale texturée par une autre source de protéines pour obtenir un résultat suffisamment rassasiant. Le poulet, les edamames, le thon et le saumon conviennent à merveille.

PRÉPARATION

Cuire le couscous en suivant les indications inscrites sur l'emballage.

Pendant ce temps, couper les pêches et le poivron en fines tranches.

Dans un petit contenant, mélanger le yogourt grec, la sauce au sésame et le miel.

Dans 4 bols, répartir le couscous et le reste des ingrédients. Au moment de servir, ajouter la vinaigrette.

BOÎTE À LUNCH COMPLÈTE

1 portion de Bol bouddha pêche et menthe

8 amandes

1 portion de Compote à la pomme épicée (voir recette p. 209)

Collation matin : 125 ml (½ tasse) de mini carottes + 30 g de fromage allégé

Collation après-midi : Une Galette mangue-chocolat (voir recette p. 207)

SALADE DE LENTILLES
aux légumes grillés

nutri-note

On peut manger jusqu'à 7 œufs par semaine ! Le jaune contient aussi de précieuses vitamines.

Portions : **4**
Préparation : **15 minutes**
Cuisson : **15 minutes**

—

500 ml (2 tasses) de courge Butternut, de carotte et de rutabaga, coupés en petits dés

2 gousses d'ail, écrasées

Sel et poivre

1 boîte (540 ml) de lentilles

125 ml (½ tasse) de persil, ciselé

VINAIGRETTE

30 ml (2 c. à s.) d'huile végétale

30 ml (2 c. à s.) de jus de citron

5 ml (1 c. à t.) de poudre de curry

5 ml (1 c. à t.) de gingembre râpé

—

Variante : Remplacer les lentilles par un couscous de blé entier.

PRÉPARATION

Préchauffer le four à 200 °C (400 °F). Tapisser une plaque de cuisson de papier parchemin.

Déposer les dés de carottes, de rutabaga et de courge sur la plaque. Ajouter les gousses d'ail écrasées, puis badigeonner avec l'huile végétale.

Enfourner 15 minutes. Pendant ce temps, rincer les lentilles et les mettre dans un saladier. Mélanger également les ingrédients de la vinaigrette.

Une fois la cuisson des légumes terminée, retirer l'ail, puis ajouter les légumes à la salade de lentilles. Bien mélanger.

BOÎTE À LUNCH COMPLÈTE

1 portion de Salade de lentilles aux légumes grillés

2 œufs cuits durs

1 portion (environ 100 g) de pouding au riz

Collation matin : 2 galettes de riz nature
+ 15 ml (1 c. à s.) de beurre de noix

Collation après-midi : 1 kiwi + 100 g de yogourt aromatisé

PITA GARNI
tofu-bruschetta

nutri-note

À quantité égale, le cresson contient 20 % de plus de fer que les épinards !

Portions : **4**
Préparation : **7 minutes**
Cuisson : **aucune**

2 pains pitas

½ paquet de 454 g de tofu ferme, râpé

250 ml (1 tasse) de fromage mozzarella allégé, râpé

125 ml (½ tasse) de sauce de type bruschetta

60 ml (¼ tasse) de yogourt grec nature à 0 % de M.G.

250 ml (1 tasse) de cresson

Variante : Remplacer le cresson par la verdure de son choix.

PRÉPARATION

Dans un bol, déposer le tofu et le fromage râpé, la sauce bruschetta et le yogourt grec. Bien mélanger

Ouvrir les pitas en deux et répartir la préparation à l'intérieur, puis ajouter le cresson.

BOÎTE À LUNCH COMPLÈTE

½ Pita garni tofu-bruschetta

Un jus (120 ml) de légumes à teneur réduite en sodium

10 amandes

1 portion de Compote à la pomme épicée (voir recette p. 209)

Collation matin : 2 Boules d'énergie aux pommes (voir recette p. 207)

Collation après-midi : 125 ml (½ tasse) de fromage cottage
+ 60 ml (¼ tasse) de fraises tranchées

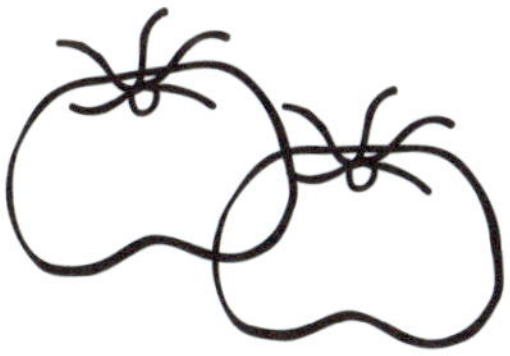

COUSCOUS TOUSKI
aux légumineuses

nutri-note

Le saviez-vous ?
La consommation régulière de légumineuses est associée à une meilleure gestion du diabète, une diminution du risque de développer certains cancers ou des maladies cardiovasculaires.

Portions : **4**
Préparation : **7 minutes**
Cuisson : **5 minutes**

—

250 ml (1 tasse) de couscous de blé entier

1 boîte (540 ml) de légumineuses au choix (pois chiches, fèves rouges)

500 ml (2 tasses) de légumes, coupés en dés

30 ml (2 c. à s.) de vinaigre de vin

30 ml (2 c. à s.) d'huile végétale

—

Variante : Remplacer la conserve de légumineuses par 300 g de poulet cuit en cubes.

PRÉPARATION

Faire cuire le couscous en suivant les indications sur l'emballage.

Égoutter les légumineuses. Une fois la cuisson du couscous terminée, ajouter les légumineuses, les légumes, le vinaigre de vin et l'huile végétale. Bien mélanger.

Il s'agit de la recette idéale pour utiliser les légumes présents dans votre réfrigérateur. Pas de gaspillage !

BOÎTE À LUNCH COMPLÈTE

1 portion de Couscous touski aux légumineuses

200 ml de boisson de soya enrichie à la vanille

2 clémentines

Collation matin : 80 ml (⅓ tasse) d'edamames rôtis

Collation après-midi : 2 craquelins de seigle + 30 ml (2 c. à s.) de fromage à tartiner nutri_note

La boisson de soya enrichie à la vanille représente le choix le plus judicieux. En effet, celles au chocolat, au cappuccino ou à la fraise contiennent près de deux fois plus de sucre !

SANDWICH ROULÉ omelette aux champignons et fromage suisse

Portions : **4**
Préparation : **15 minutes**
Cuisson : **15 minutes**

—

1 contenant (227 g) de champignons de Paris

6 gros œufs

Ciboulette

80 g de fromage suisse

4 petites tortillas

15 ml (1 c. à s.) de mayonnaise

—

Variante : Les champignons ne sont pas appréciés à la maison ? On peut les remplacer par des asperges pour un résultat tout aussi délicieux.

PRÉPARATION

Dans une poêle, verser un filet d'huile végétale, puis faire revenir les champignons à feu moyen-vif. Pendant qu'ils cuisent, casser les œufs dans un bol et les battre.

Lorsque les champignons sont bien dorés, ajouter les œufs. Baisser le feu à moyen-doux et poursuivre jusqu'à la cuisson désirée. Ajouter le fromage suisse sur l'omelette et cuire encore 90 secondes, puis retirer du feu et laisser refroidir.

Répartir la mayonnaise sur les 4 tortillas. Couper l'omelette en 4 portions égales, déposer sur chaque tortilla et rouler.

BOÎTE À LUNCH COMPLÈTE

1 Sandwich roulé omelette aux champignons et fromage suisse

250 ml (1 tasse) de crudités mélangées

1 pêche

Collation matin : 1 Galette mangue-chocolat (voir recette p. 207)

Collation après-midi : 1 boisson de soya enrichie à la vanille

SANDWICH SAUMON, *moutarde et érable*

nutri-note

Vous mangez un repas de saumon ? Profitez-en pour en cuire davantage et utiliser les restes pour faire ces sandwichs. Sinon, vous pouvez utiliser du saumon en conserve. Saviez-vous que les petits os qu'on retrouve dans la conserve sont comestibles et qu'ils permettent d'augmenter considérablement votre apport en calcium ?

Portions : **4**
Préparation : **5 minutes**
Cuisson : **aucun**

—

300 g de saumon cuit

5 ml (1 c. à t.) de moutarde à l'ancienne

10 ml (2 c. à t.) de sirop d'érable

Au goût, sauce piquante

4 muffins anglais de blé entier

125 ml (½ tasse) de fromage à la crème allégé

250 ml (1 tasse) de jeunes pousses

—

Variante : Remplacer le saumon par du tofu extra-ferme pour obtenir un dîner végé !

PRÉPARATION

Défaire le saumon en flocons, puis ajouter la moutarde à l'ancienne, le sirop d'érable et la sauce piquante.

Tartiner les muffins anglais de fromage à la crème. Ajouter le saumon et les jeunes pousses. Fermer le tout afin de former 4 sandwichs.

BOÎTE À LUNCH COMPLÈTE

1 Sandwich au saumon, moutarde et érable

125 ml (½ tasse) de brocoli et de chou-fleur en fleurons

1 portion de tofu dessert

Collation matin : 125 ml (½ tasse) de tomates cerises
+ 30 g de fromage allégé

Collation après-midi : 30 ml (2 c. à s.) de canneberges séchées
+ 30 ml (2 c. à s.) de noix de Grenoble

BOL DE YOGOURT *salé*

nutri-note

Non, le maïs rôti n'est pas du maïs soufflé ! Il s'agit de maïs (comme celui sur un épi) rôti au four et assaisonné. Vous pouvez le cuisiner vous-même ou vous le procurer dans les épiceries santé ou les magasins d'alimentation en vrac. Un produit à découvrir !

Portions : **4**
Préparation : **5 minutes**
Cuisson : **aucun**

—

750 ml (3 tasses) de yogourt grec nature

125 ml (½ tasse) de salsa douce

250 ml (1 tasse) de protéine végétale texturée

250 ml (1 tasse) de maïs rôti (voir Nutri-note)

250 ml (1 tasse) de poivron, émincé

Au goût, coriandre

24 craquelins de riz

—

Variante : Remplacer la protéine végétale texturée par des haricots rouges et le maïs rôti par des pois chiches grillés.

PRÉPARATION

Répartir le yogourt, la salsa, le maïs, le poivron et la coriandre dans 4 bols.

Ajouter la protéine végétale texturée au moment de consommer.

Déguster avec des craquelins de riz à tremper dans le yogourt salé.

BOÎTE À LUNCH COMPLÈTE

Bol de yogourt salé

2 Boules d'énergie aux pommes (voir recette p. 207)

Collation matin : œuf cuit dur + jus (150 ml) de légumes à teneur réduite en sodium

Collation après-midi : 125 ml (½ tasse) de bleuets + 30 ml (2 c. à s.) de pistaches

SALADE DE PÂTES D'EDAMAMES, *tomates et basilic*

nutri-note

Les pâtes d'edamames sont très protéinées. En effet, une portion de 50 g contient plus de 20 g de protéines !

Portions : **4**
Préparation : **7 minutes**
Cuisson : **5 minutes**

—

2 tasses (500 ml) de pâtes d'edamames

1 tasse (250 ml) de tomates cerises, coupées en deux

125 ml (½ tasse) de fromage feta allégé, émietté

60 ml (¼ tasse) d'olives noires tranchées

30 ml (2 c. à s.) d'huile d'olive

Au goût, basilic

—

Variante : Remplacer les pâtes d'edamames par 1 boîte (540 ml) de légumineuses mélangées.

PRÉPARATION

Cuire les pâtes en suivant les indications sur l'emballage.

Ajouter les tomates, le fromage, les olives, l'huile d'olive et le basilic. Bien mélanger.

BOÎTE À LUNCH COMPLÈTE

1 portion de Salade de pâtes d'edamames, tomates et basilic

125 ml (½ tasse) d'ananas

200 ml de boisson de soya enrichie à la vanille

Collation matin : 2 clémentines + 10 amandes

Collation après-midi : 2 craquelins de seigle + 30 ml de fromage à tartiner

DESSERTS ET COLLATIONS
pour boîtes à lunchs complètes

LE CHOCO-*chia*

Portions : **4**
Préparation : **5 minutes**
Réfrigération : **2 heures**

—

30 ml (2 c. à s.) de pépites de chocolat

375 ml (1 ½ tasse) de boisson de soya enrichie à la vanille

80 ml (⅓ tasse) de graines de chia

PRÉPARATION

Dans un bol, mélanger tous les ingrédients, puis répartir la préparation dans 4 contenants. Réfrigérer pendant 2 heures minimum.

POIS CHICHES *rôtis au citron poivré*

Portions : **4**
Préparation : **5 minutes**
Cuisson : **45 minutes**

—

1 boîte (540 ml) de pois chiches

15 ml (1 c. à s.) d'huile végétale

1 citron, (jus et zeste)

Une pincée de sel

Au goût, poivre

PRÉPARATION

Préchauffer le four à 200 °C (400 °F). Tapisser une plaque de cuisson de papier parchemin.

Rincer et bien égoutter les pois chiches, puis les déposer dans un bol. Ajouter l'huile végétale, le jus et le zeste du citron, le sel et le poivre. Bien mélanger.

Déposer les pois chiches assaisonnés sur la plaque de cuisson, puis enfourner 45 minutes. Prendre soin de bien mélanger toutes les 10 minutes.

Variante : On peut s'amuser à tester ses épices préférées sur les pois chiches.

GALETTES *mangue-chocolat*

Portions : **20**
Préparation : **15 minutes**
Cuisson : **18 minutes**

—

1 emballage (300 g) de tofu dessert à la mangue

1 œuf

125 ml (½ tasse) de mangues séchées

125 ml (½ tasse) de pépites de chocolat noir

750 ml (3 tasses) de flocons d'avoine

250 ml (1 tasse) de farine de blé entier

125 ml (½ tasse) de sucre

250 ml (1 tasse) de lait

5 ml (1 c. à t.) de poudre à pâte

5 ml (1 c. à t.) de bicarbonate de soude

PRÉPARATION

Préchauffer le four à 190 °C (375 °F). Tapisser une plaque de cuisson de papier parchemin.

Dans un grand bol, mettre le tofu dessert à la mangue et l'œuf. Fouetter jusqu'à l'obtention d'un mélange homogène.

Couper la mangue séchée en petits morceaux, puis l'ajouter avec tous les autres ingrédients à la préparation de tofu. Bien mélanger.

À l'aide d'une cuillère à portion, faire 20 petites galettes sur la plaque de cuisson. Enfourner 18 minutes.

Variante : Pas de mangue séchée? La recette est délicieuse avec des canneberges déshydratées. On peut également choisir une autre saveur de tofu dessert. Le mélange noix de coco et canneberges est particulièrement intéressant.

BOULES D'ÉNERGIE *aux pommes*

Portions : **18**
Préparation : **7 minutes**
Cuisson : **aucun**

—

250 ml (1 tasse) de dattes

80 ml (⅓ tasse) d'eau

250 ml (1 tasse) de flocons d'avoine

250 ml (1 tasse) de quinoa soufflé

125 ml (½ tasse) de pommes séchées, coupées en petits morceaux

30 ml (2 c. à s.) de graines de citrouille

30 ml (2 c. à s.) de graines de chia

2,5 ml (½ c. à t.) de cannelle

PRÉPARATION

Faire cuire les dattes et l'eau dans un bol qui va au micro-ondes pendant 2 minutes. Retirer, puis réduire en purée à l'aide d'une fourchette.

Dans un grand bol, déposer la purée de dattes et tous les autres ingrédients. Bien mélanger.

Tapisser une plaque de cuisson de papier parchemin. Avec la préparation, façonner de petites boules de la grosseur d'une balle de ping-pong. Déposer sur la plaque de cuisson et réfrigérer.

COMPOTE *à la pomme épicée*

Portions : **6**
Préparation : **15 minutes**
Cuisson : **30 minutes**

—

30 ml (2 c. à s.) de beurre
2,5 L (10 tasses) de pommes
45 ml (3 c. à s.) de sirop d'érable
2,5 ml (½ c. à t.) de cannelle moulue
2,5 ml (½ c. à t.) de muscade moulue
1 pincée de clou de girofle moulu

PRÉPARATION

Peler les pommes et enlever le cœur et les pépins, puis couper en petits cubes.

Mettre le beurre et les pommes dans une poêle à feu moyen-doux. Laisser suer pendant environ 30 minutes.

Ajouter tous les autres ingrédients. À l'aide d'un mélangeur à main, réduire en purée homogène. Réfrigérer.

Variante : On peut apporter une touche de nouveauté à la recette en remplaçant les pommes par des poires.

MOUSSE *choco-lime*

Portions : **6**
Préparation : **7 minutes**
Réfrigération : **1 heure**

—

150 g de chocolat noir
1 emballage (300 g) de tofu soyeux
60 ml (¼ tasse) de quinoa soufflé
½ lime (jus et zeste)

PRÉPARATION

Faire fondre le chocolat au micro-ondes. Déposer de petits morceaux dans un bol allant au micro-ondes, puis faire chauffer 60 secondes. Brasser, puis remettre à nouveau 60 secondes.

À l'aide d'un malaxeur, incorporer le tofu au chocolat fondu. Ajouter le quinoa soufflé, le jus et le zeste de lime, et bien mélanger. Réfrigérer.

NOS DÉJEUNERS,
desserts et collations

Faire ses recettes de collations et de desserts maison est une belle façon de gérer la qualité des ingrédients tout en évitant les additifs, souvent largement présents dans les aliments transformés. En prime, on peut les cuisiner avec les enfants. Plaisir garanti !

CRÊPES
express

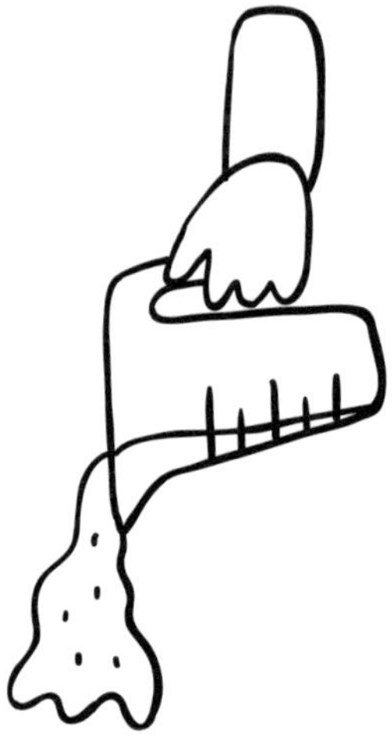

Portions : **6 crêpes**
Préparation : **10 minutes**
Cuisson : **4 minutes par crêpe**
Congélation : **oui**

—

180 ml (⅔ tasse) de farine de blé entier

250 ml (1 tasse) de son d'avoine

15 ml (1 c. à s.) de vanille

250 ml (1 tasse) de lait

15 ml (1 c. à s.) de sucre

3 œufs

PRÉPARATION

Dans un grand bol, mélanger tous les ingrédients.

Dans une grande poêle, chauffer un peu d'huile à feu moyen-doux.

Verser 125 ml (½ tasse) du mélange dans la poêle. Cuire 3 minutes ou jusqu'à ce que le dessous soit doré. Retourner la crêpe et dorer l'autre côté.

Note : Vous pouvez facilement doubler ou tripler la recette puisque les crêpes se conservent au congélateur.

GRANOLA
anti-gaspillage

Portions : **22 portions de 60 ml (¼ tasse) chacune**
Préparation : **10 minutes**
Cuisson : **20 minutes**
Congélation : **oui**

—

250 ml (1 tasse) de purée de bananes (environ 2 petites bananes)

15 ml (1 c. à s.) d'huile de canola

500 ml (2 tasses) de flocons d'avoine

125 ml (½ tasse) d'amandes entières

60 ml (¼ tasse) de noix de coco non sucrée, râpée

5 ml (1 c. à t.) de cannelle moulue

2,5 ml (½ c. à t.) de gingembre moulu

1 ml (¼ c. à t.) de muscade moulue

PRÉPARATION

Préchauffer le four à 180 °C (350 °F). Tapisser une plaque de cuisson avec rebords de papier parchemin.

Dans un grand bol, mélanger tous les ingrédients.

Étendre sur la plaque en une seule couche et cuire 20 minutes. Mélanger à mi-cuisson.

Mélanger à nouveau. Éteindre le four et remettre la plaque au four pendant 20 minutes.

Laisser refroidir complètement avant de servir.

Note : Le granola bien refroidi se conserve à température de la pièce dans un pot en verre fermé hermétiquement. Il se conserve également 6 mois au congélateur. Afin de conserver sa fraîcheur, prendre seulement la portion nécessaire et conserver le reste au congélateur. Au moment de servir, ajouter des graines de lin moulues, des graines de chia moulues ou de caméline pour augmenter l'apport en fibres et en oméga-3. Pour un petit goût sucré, ajouter des fruits séchés, des mini pépites de chocolat noir, des flocons d'érable, etc.

BOULES D'ÉNERGIE
orange et canneberges

Portions : **24 boules**
Préparation : **10 minutes**
Cuisson : **aucune**
Congélation : **oui**

—

160 ml (⅔ tasse) de beurre de soya de type WowButter
1 orange (jus et zeste)
375 ml (1 ½ tasse) de flocons d'avoine instantanés
60 ml (¼ tasse) de canneberges séchées, hachées finement
45 ml (3 c. à s.) de graines de lin moulues

PRÉPARATION

Dans un grand bol, mélanger le beurre de soya, le jus et le zeste d'orange.

Ajouter les flocons d'avoine, les canneberges et les graines de lin moulues. Bien mélanger.

Rouler 15 ml (1 c. à s.) de mélange entre les paumes de la main pour former une boule d'environ 2,5 cm (1 po) de diamètre. Répéter avec le reste du mélange. Pour une texture optimale, conserver au réfrigérateur dans un contenant hermétique.

BOULES D'ÉNERGIE
choco-noisette

Portions : **24 boules**
Préparation : **15 minutes**
Cuisson : **aucune**
Congélation : **oui**

—

BOULES

160 ml (⅔ tasse) de beurre de noisette

60 ml (¼ tasse) de purée de dattes

15 ml (1 c. à s.) de poudre de cacao

60 ml (¼ tasse) de poudre de lait écrémé

30 ml (2 c. à s.) d'eau

250 ml (1 tasse) de flocons d'avoine instantanés

60 ml (¼ tasse) de mini pépites de chocolat

GARNITURE

80 ml (⅓ tasse) de noisettes, hachées finement

PRÉPARATION

Dans un grand bol, mélanger le beurre de noisette, la purée de dattes, la poudre de cacao, la poudre de lait écrémé et l'eau.

Ajouter les flocons d'avoine et les mini pépites de chocolat. Bien mélanger.

Rouler 15 ml (1 c. à s.) de mélange entre les paumes de la main pour former 24 boules d'environ 2,5 cm (1 po) de diamètre. Répéter avec le reste du mélange.

Rouler les boules dans les noisettes hachées pour les enrober. Pour une texture optimale, conserver au réfrigérateur dans un contenant hermétique.

MUFFINS
banane et pavot

Portions : **12**
Préparation : **20 minutes**
Cuisson : **15 minutes**
Congélation : **oui**

—

250 ml (1 tasse) de yogourt nature à 0 % de M.G.

2 bananes mûres, écrasées à la fourchette

1 œuf

80 ml (⅓ tasse) de sucre

15 ml (1 c. à s.) de graines de pavot

250 ml (1 tasse) de farine blé entier

250 ml (1 tasse) de farine tout usage non blanchie

15 ml (1 c. à s.) de poudre à pâte

2,5 ml (½ c. à t.) de sel

PRÉPARATION

Préchauffer le four à 180 °C (350 °F). Tapisser un moule à muffins de 12 moules en papier.

Dans un grand bol, mélanger le yogourt, les bananes, l'œuf et le sucre.

Dans le même bol, saupoudrer et incorporer les graines de pavot, les farines, la poudre à pâte et le sel.

Repartir le mélange dans le moule à muffins. Cuire au four 15 minutes.

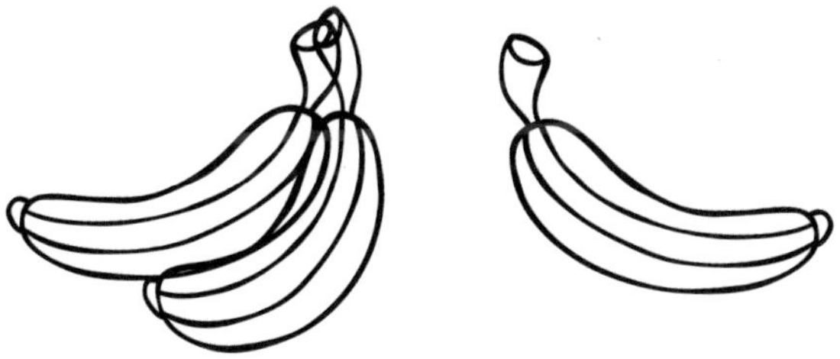

MUFFINS *d'automne*

Portions : **12**
Préparation : **20 minutes**
Cuisson : **18 minutes**
Congélation : **oui**

—

250 ml (1 tasse) de compote de pommes non sucrée

1 grosse carotte, râpée

1 petit zucchini, râpé

1 œuf

60 ml (¼ tasse) de sirop d'érable

500 ml (2 tasses) de farine de blé entier

10 ml (2 c. à t.) de cannelle

5 ml (1 c. à t.) de poudre à pâte

5 ml (1 c. à t.) de bicarbonate de soude

2,5 ml (½ c. à t.) de sel

30 ml (2 c. à s.) d'huile de canola

60 ml (¼ tasse) de pépites de chocolat

125 ml (½ tasse) de pacanes, hachées

PRÉPARATION

Préchauffer le four à 180 °C (350 °F). Tapisser un moule à muffins de 12 moules en papier.

Dans un grand bol, mélanger la compote de pommes, les légumes râpés, l'œuf et le sirop d'érable.

Dans le même bol, saupoudrer et incorporer la farine, la cannelle, la poudre à pâte, le bicarbonate de soude et le sel.

Ajouter l'huile, les pépites de chocolat et les pacanes. Bien mélanger.

Repartir le mélange dans le moule à muffins. Cuire au four 18 minutes.

MUFFINS À LA NOIX DE COCO,
fourrés aux framboises

Portions : **12**
Préparation : **25 minutes**
Cuisson : **20 minutes**
Congélation : **oui**

—

PÂTE

250 ml (1 tasse) de lait à 1 % de M.G.

60 ml (¼ tasse) de noix de coco non sucrée, râpée

60 ml (¼ tasse) de sucre

60 ml (¼ tasse) d'huile de coco

1 œuf

10 ml (2. c. à t.) d'extrait de vanille

375 ml (1 ½ tasse) de farine tout usage non blanchie

250 ml (1 tasse) de flocons d'avoine à cuisson rapide

15 ml (1 c. à s.) de poudre à pâte

2,5 ml (½ c. à t.) de sel

COULIS DE FRAMBOISES

250 ml (1 tasse) de framboises surgelées

30 ml (2 c. à s.) de graines de chia moulues

30 ml (2 c. à s.) de sucre

30 ml (2 c. à s.) d'eau

PRÉPARATION

Préchauffer le four à 180 °C (350 °F). Tapisser un moule à muffins de 12 moules en papier.

Dans un petit chaudron, mettre les ingrédients pour le coulis de framboises. Porter à ébullition et éteindre le feu, en écrasant les framboises pour obtenir une purée lisse. Réserver.

Dans un grand bol, mélanger le lait, la noix de coco râpée, le sucre, l'huile de coco, l'œuf et l'extrait de vanille.

Dans le même bol, saupoudrer et incorporer la farine, les flocons d'avoine, la poudre à pâte et le sel.

Repartir la moitié de la pâte dans le moule à muffins, ensuite le coulis de framboises, puis le reste de la pâte.
Cuire au four 15 minutes.

BARRES COLLANTES
sésame et pistaches

Portions : **18**
Préparation : **15 minutes**
Cuisson : **20 minutes**
Congélation : **non**

—

250 ml (1 tasse) de graines de sésame

60 ml (¼ tasse) de beurre de sésame (tahini)

125 ml (½ tasse) de miel

125 ml (½ tasse) de graines de tournesol

125 ml (½ tasse) de pistaches, hachées

15 ml (1 c. à s.) de jus de citron

1 citron (zeste)

PRÉPARATION

Préchauffer le four à 160 °C (325 °F). Tapisser un moule carré de 23 cm (9 po) de papier parchemin qui dépasse de chaque côté du moule.

Dans un grand bol, mettre tous les ingrédients et bien brasser.

Verser le mélange dans le moule, le répartir et le presser à l'aide d'une cuillère. Cuire au four 15 minutes.

À la sortie du four, laisser refroidir complètement avant de démouler. Couper en 18 barres. Conserver au réfrigérateur dans un contenant hermétique.

BARRES TENDRES
du randonneur

Portions : **18**
Préparation : **15 minutes**
Cuisson : **18 minutes**
Congélation : **oui**

—

BASE

375 ml (1 ½ tasse) de flocons d'avoine à cuisson rapide

250 ml (1 tasse) de riz soufflé

60 ml (¼ tasse) de son d'avoine

60 ml (¼ tasse) de graines de tournesol

60 ml (¼ tasse) de graines de citrouille

125 ml (½ tasse) de noix de cajou, hachées

125 ml (½ tasse) de beurre de noix de cajou

60 ml (¼ tasse) de sirop d'érable

2 œufs

GARNITURE

60 ml (¼ tasse) de pépites de chocolat

60 ml (¼ tasse) de noix de cajou, hachées grossièrement

PRÉPARATION

Préchauffer le four à 180 °C (350 °F). Tapisser un moule carré 23 cm (9 po) de papier parchemin qui dépasse de chaque côté du moule.

Dans un grand bol, mettre tous les ingrédients pour la base et bien brasser.

Verser le mélange dans le moule, le répartir et le presser à l'aide d'une cuillère. Cuire au four 18 minutes.

Pendant ce temps, dans un petit bol, faire fondre le chocolat au micro-ondes.

À la sortie du four, laisser le moule refroidir. Verser le chocolat fondu et parsemer de noix de cajou. Laisser refroidir complètement avant de démouler. Couper en 18 barres. Conserver au réfrigérateur dans un contenant hermétique.

FUDGE CHOCO-AMANDE
à l'avocat

Portions : **12**
Préparation : **15 minutes**
Cuisson : **aucun**
Congélation : **oui**

—

125 ml (½ tasse) de pépites de chocolat noir

1 avocat

125 ml (½ tasse) de beurre d'amande

250 ml (1 tasse) de purée de dattes

60 ml (¼ tasse) de poudre de cacao

30 ml (2 c. à s.) de graines de chia, moulues

80 ml (⅓ tasse) d'amandes effilées

PRÉPARATION

Tapisser un moule à pain de 23 × 13 cm (9 × 5 po) de papier parchemin. Réserver,

Dans un petit bol, faire fondre les pépites de chocolat noir au micro-ondes. Réserver.

Dans un grand bol, ajouter l'avocat. Avec l'aide d'un pied mélangeur, réduire en purée lisse.

Ajouter le chocolat fondu, le beurre d'amande, la purée de dattes, la poudre de cacao et les graines de chia moulues. Bien mélanger.

Verser le mélange dans le moule, le répartir et le presser à l'aide d'une cuillère. Ajouter les amandes effilées et presser légèrement.

Mettre au frigo quelques heures pour faire durcir la préparation avant de couper en 12 barres. Conserver au réfrigérateur dans un contenant hermétique.

SCONES POMMES *et canneberges*

Portions : **8**
Préparation : **20 minutes**
Cuisson : **15 à 18 minutes**
Congélation : **oui**

375 ml (1 ½ tasse) de farine tout usage non blanchie

10 ml (2 c. à t.) de poudre à pâte

2,5 ml (½ c. à t.) de sel

60 ml (¼ tasse) de beurre non salé, coupé en petits cubes

60 ml (¼ tasse) de yogourt grec nature

60 ml (¼ tasse) de compote de pommes non sucrée

10 ml (2 c. à t.) d'extrait de vanille

1 pomme, râpée

125 ml (½ tasse) de canneberges, grossièrement hachées

30 ml (2 c. à s.) de lait

PRÉPARATION

Préchauffer le four à 200 °C (400 °F). Tapisser une plaque à biscuits de papier parchemin.

Dans un grand bol, mettre la farine, la poudre à pâte, le sel. Mélanger.

Ajouter le beurre, et à l'aide de deux couteaux, couper le beurre dans le mélange pour obtenir de très petits morceaux de beurre.

Ajouter le yogourt, la compote de pommes, la vanille, la pomme râpée et les canneberges. Pétrir la pâte légèrement pour former une boule de pâte. Si la pâte est trop collante, ajouter de la farine.

Mettre la boule sur la plaque à biscuits et aplatir légèrement pour faire un rond avec un diamètre d'environ 15 cm (6 po).

Tailler la boule en 8 morceaux. Avec un pinceau, badigeonner le lait sur le dessus de la pâte. Cuire au four 15 à 18 minutes.

BISCUITS AU SARRASIN, *chocolat blanc et noix de macadamia*

Portions : **12**
Préparation : **20 minutes**
Cuisson : **10 à 12 minutes**
Congélation : **oui**

—

125 ml (½ tasse) de beurre non salé, fondu

60 ml (¼ tasse) de cassonade

1 œuf

125 ml (½ tasse) de farine tout usage non blanchie

250 ml (1 tasse) de farine de sarrasin

5 ml (1 c. à t.) de poudre à pâte

5 ml (1 c. à t.) de cannelle

2,5 ml (½ c. à t.) de sel

80 ml (⅓ tasse) de noix de macadamia, grossièrement hachées

80 ml (⅓ tasse) de pépites de chocolat blanc

PRÉPARATION

Préchauffer le four à 180 °C (350 °F). Tapisser une plaque à biscuits de papier parchemin.

Dans un grand bol, mettre le beurre, la cassonade et l'œuf. Mélanger à l'aide d'un fouet.

Ajouter les farines, la poudre à pâte, la cannelle, le sel, les noix de macadamia et les pépites de chocolat blanc. Mélanger.

Former des boules de pâte d'environ 2 c. à s. (30 ml) et placer sur la plaque à biscuits. Avec l'aide d'une fourchette, aplatir les boules légèrement.

Cuire au four de 10 à 12 minutes.

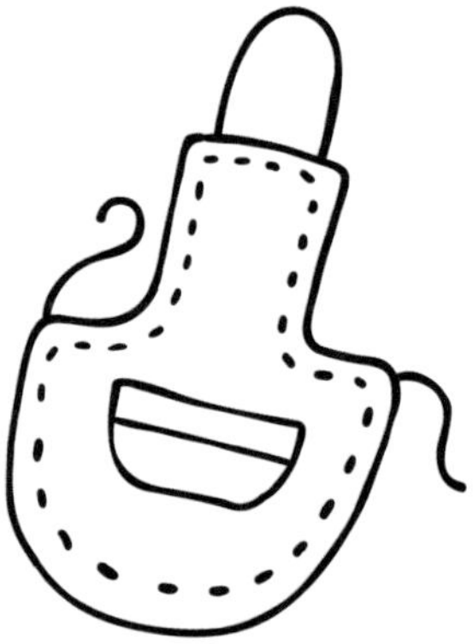

TABLEAUX
des valeurs nutritives

semaine 1

RECETTE	ÉNERGIE (kcal)	PROTÉINES (g)	LIPIDES (g)	GLUCIDES (g)	SUCRES (g)	FIBRES (g)	CALCIUM (%VQ)	FER (%VQ)
SANDWICH DE TOFU AU GINGEMBRE MARINÉ	410	26	18	37	5	6	80	35
SAUMON AU MIEL ET AU CINQ-ÉPICES	380	23	13	42	8	3	8	10
SANDWICH AU SAUMON	390	25	18	33	6	4	6	15
PORC-ÉPINARDS	550	47	22	40	7	7	20	30
SANDWICH AU PORC-MOUTARDE	360	27	13	33	2	5	4	15
POULET AU GINGEMBRE	460	44	12	44	9	6	15	45
BOL DE QUINOA ET DE POULET, SAUCE À L'ORANGE	240	18	8	25	5	4	6	20
SOUPE LENTILLES ROUGES ET PATATES DOUCES	410	21	13	51	6	6	20	35
PAD THAÏ AUX CREVETTES	460	33	14	51	16	7	20	35

semaine 2

RECETTE	ÉNERGIE (kcal)	PROTÉINES (g)	LIPIDES (g)	GLUCIDES (g)	SUCRES (g)	FIBRES (g)	CALCIUM (%VQ)	FER (%VQ)
BOÎTE BENTO « THON »	350	26	12	34	9	5	4	20
POULET CAJUN	450	40	12	45	9	5	6	20
TORTILLA AU POULET	320	25	12	29	1	4	2	15
TILAPIA AU CARI	360	32	8	40	7	7	8	20
BOL BOUDDHA AU TOURNESOL	420	22	21	36	10	8	20	25
BŒUF AIL ET TOMATE	460	34	19	37	11	7	8	30
TORTILLA AU BŒUF	340	25	14	29	1	4	4	20
TOFU IRRÉSISTIBLE DIJON-ÉRABLE	460	24	19	48	16	8	80	35
SANDWICH AU TOFU SUCRÉ-SALÉ	510	25	24	49	14	5	70	35
PIZZA À LA MEXICAINE	450	31	13	51	10	10	35	45

semaine 3

RECETTE	ÉNERGIE (kcal)	PROTÉINES (g)	LIPIDES (g)	GLUCIDES (g)	SUCRES (g)	FIBRES (g)	CALCIUM (%VQ)	FER (%VQ)
ROULEAU DE PRINTEMPS	370	15	17	39	6	4	40	20
POULET AU SÉSAME	400	41	7	42	11	2	2	15
SANDWICH AU POULET	300	25	9	30	3	4	6	15
SAUMON ÉRABLE-MOUTARDE	430	34	11	48	6	5	8	20
SANDWICH AU SAUMON FRAIS	370	28	15	30	3	4	8	20
ONE POT « FUSILLIS LENTILLES »	380	18	12	50	9	17	25	45
SALADE DE COUSCOUS ET DE CREVETTES	490	34	23	37	2	10	15	50
SOUPE-REPAS AUX HARICOTS ROUGES	380	23	8	54	6	12	30	35
QUICHE AUX POIVRONS ROUGES GRILLÉS	420	25	19	38	14	5	35	25

semaine 4

RECETTE	ÉNERGIE (kcal)	PROTÉINES (g)	LIPIDES (g)	GLUCIDES (g)	SUCRES (g)	FIBRES (g)	CALCIUM (%VQ)	FER (%VQ)
LUNCH DÉCONSTRUIT - HOUMOUS ET PITA	490	19	24	50	2	8	25	20
MORUE AUX POIREAUX ET AUX CAROTTES	330	27	5	43	8	4	10	25
SANDWICH DE POISSON AU PAPRIKA FUMÉ	320	26	9	33	5	5	6	15
BŒUF SAUCE AUX CHAMPIGNONS	480	42	15	45	12	5	30	40
SALADE DE BŒUF	360	30	11	35	6	3	8	25
POULET PIQUANT	460	36	19	35	9	6	8	20
PAIN MINCE AU POULET PIQUANT	340	32	13	30	3	4	8	20
GNOCCHIS ET TOFU À L'ITALIENNE	460	21	17	56	12	8	20	25
LUNCH DÉCONSTRUIT AUX ŒUFS	470	21	23	44	14	9	15	25
PITA DE KEFTA AUX SAVEURS DU MOYEN-ORIENT	500	34	20	47	5	9	30	45

semaine 5

RECETTE	ÉNERGIE (kcal)	PROTÉINES (g)	LIPIDES (g)	GLUCIDES (g)	SUCRES (g)	FIBRES (g)	CALCIUM (%VQ)	FER (%VQ)
TORTILLA AU TOFU STYLE SUSHI	400	17	19	41	2	8	45	30
SAUMON AU BALSAMIQUE	400	31	17	31	6	3	2	20
TORTILLA AU SAUMON ET BALSAMIQUE	420	25	21	33	3	5	10	20
POULET AU CUMIN	440	46	7	49	7	8	10	15
BOÎTE BENTO « POULET »	460	42	11	48	21		20	15
FUSILLIS AUX CREVETTES	430	32	12	48	16	5	35	35
BOÎTE BENTO « SUCRÉ-SALÉ-ACIDE »	460	19	18	56	29	5	30	20
CARI DE TOFU RAPIDE	430	24	16	47	5	5	80	60
FRITTATA À LA COURGE BUTTERNUT	500	24	26	43	19	6	25	25

semaine 6

RECETTE	ÉNERGIE (kcal)	PROTÉINES (g)	LIPIDES (g)	GLUCIDES (g)	SUCRES (g)	FIBRES (g)	CALCIUM (%VQ)	FER (%VQ)
TORTILLA DE POULET SAUCE ASIATIQUE	320	25	11	29	0	4	2	15
AIGLEFIN SAUCE AU PESTO DE TOMATES SÉCHÉES	430	34	13	43	6	5	10	30
SALADE DE PÂTES ET DE LÉGUMINEUSES	450	21	18	51	12	8	25	40
SOUPE EXPRESS AU BŒUF DE STYLE THAÏ	420	36	11	44	4	2	4	35
SANDWICH AU BŒUF ÉPICÉ	370	26	13	37	7	6	10	30
CREVETTES AU CARI	450	33	15	45	9	7	20	70
BOL BOUDDHA AUX CREVETTES ET SÉSAME	270	23	9	24	4	3	10	30
TOFU SAUTÉ	520	27	23	50	11	6	80	40
BOÎTE BENTO « SALADE DE LÉGUMINEUSES »	500	21	21	57	13	15	25	30
QUÉSADILLA	480	30	20	45	5	11	40	35

Des lunchs pour tous les goûts

RECETTE	ÉNERGIE (kcal)	PROTÉINES (g)	LIPIDES (g)	GLUCIDES (g)	FIBRES (g)
SALADE D'ORZO ET DE TOFU FUMÉ	293	16	17	24	3
BOÎTE À LUNCH COMPLÈTE	677	36	27	81	16
SALADE DE LÉGUMINEUSES, MANGUE ET CORIANDRE	233	14	7	31	8
BOÎTE À LUNCH COMPLÈTE	666	32	23	90	20
SALADE DE PENNES POULET ET BALSAMIQUE	380	24	12	48	6
BOÎTE À LUNCH COMPLÈTE	698	48	17	93	14
SANDWICH AU BŒUF ET HOUMOUS À LA BETTERAVE	344	29	13	29	6
BOÎTE À LUNCH COMPLÈTE	639	44	22	71	10
SALADE D'ORGE, PORC ET ORANGE	394	24	12	52	12
BOÎTE À LUNCH COMPLÈTE	718	48	20	93	17
TORTILLA DINDE-ASPERGE	225	29	5	16	4
BOÎTE À LUNCH COMPLÈTE	619	50	14	79	16
QUÉSADILLAS AU TEMPEH ET AU PESTO	297	18	16	24	4
BOÎTE À LUNCH COMPLÈTE	638	32	33	62	16
PITA AU THON ET AU PESTO DE TOMATES SÉCHÉES	356	28	11	35	6
BOÎTE À LUNCH COMPLÈTE	653	47	15	83	13
SALADE DE KALE, QUINOA ET SAUMON	427	28	20	36	5
BOÎTE À LUNCH COMPLÈTE	730	51	25	78	10
SALADE MELON-BOCCONCINI	295	19	18	18	7
BOÎTE À LUNCH COMPLÈTE	668	36	30	69	17

RECETTE	ÉNERGIE (kcal)	PROTÉINES (g)	LIPIDES (g)	GLUCIDES (g)	FIBRES (g)
SALADE CAROTTES ET RAISINS SECS, AVEC ŒUFS	300	17	19	18	4
BOÎTE À LUNCH COMPLÈTE	699	38	35	64	10
SALADE DE BETTE À CARDE, CREVETTES ET BLEUETS	279	19	14	24	5
BOÎTE À LUNCH COMPLÈTE	692	37	30	82	17
BOL BOUDDHA PÊCHE ET MENTHE	306	17	7	47	8
BOÎTE À LUNCH COMPLÈTE	674	34	21	94	15
SALADE DE LENTILLES AUX LÉGUMES GRILLÉS	201	10	8	24	6
BOÎTE À LUNCH COMPLÈTE	676	33	30	72	9
PITA GARNI TOFU-BRUSCHETTA	209	14	9	23	3
BOÎTE À LUNCH COMPLÈTE	548	36	19	70	11
COUSCOUS TOUSKI AUX LÉGUMINEUSES	328	11	9	43	8
BOÎTE À LUNCH COMPLÈTE	695	29	21	94	15
SANDWICH ROULÉ OMELETTE AUX CHAMPIGNONS ET FROMAGE SUISSE	277	4	14	19	4
BOÎTE À LUNCH COMPLÈTE	622	18	21	78	12
SANDWICH SAUMON, MOUTARDE ET ÉRABLE	317	27	11	29	4
BOÎTE À LUNCH COMPLÈTE	672	44	28	67	8
BOL DE YOGOURT SALÉ	282	32	3	35	5
BOÎTE À LUNCH COMPLÈTE	604	45	18	75	12
SALADE DE PÂTES D'EDAMAMES, TOMATES ET BASILIC	305	19	18	17	8
BOÎTE À LUNCH COMPLÈTE	667	33	33	63	14

Déjeuners et collations pour menus complets

RECETTE	ÉNERGIE (kcal)	PROTÉINES (g)	LIPIDES (g)	GLUCIDES (g)	SUCRES (g)	FIBRES (g)	CALCIUM (%VQ)	FER (%VQ)	SODIUM (mg)
LE CHOCO-CHIA	150	6	8	15	6	4	8	15	0
POIS CHICHES RÔTIS AU CITRON POIVRÉ	120	5	5	15	4	2	0	4	0
GALETTES MANGUE-CHOCOLAT	139	5	3	24	3	1,5	2	4	25
BOULES D'ÉNERGIE AUX POMMES	86	2	2	18	3	1,3	4	4	7
COMPOTE À LA POMME ÉPICÉE	115	0	3	24	2	2	5	8	120
MOUSSE CHOCO-LIME	140	4	8	12	2	3	3	6	220

Déjeuners, desserts et collations

RECETTE	ÉNERGIE (kcal)	PROTÉINES (g)	LIPIDES (g)	GLUCIDES (g)	SUCRES (g)	FIBRES (g)	CALCIUM (%VQ)	FER (%VQ)	SODIUM (mg)
CRÊPES EXPRESS	190	9	5	27	5	4	8	15	0
GRANOLA	70	2	3	9	2	2	0	4	0
BOULES D'ÉNERGIE ORANGE ET CANNEBERGES	80	4	4,5	8	2	1,5	2	4	25
BOULES D'ÉNERGIE CHOCO-NOISETTE	100	2,5	6,9	9	4	1,3	4	4	7
MUFFINS BANANE ET PAVOT	135	5	1,4	26	10	2	5	8	120
MUFFINS D'AUTOMNE	185	4	8	25	9	3	3	6	220
MUFFINS À LA NOIX DE COCO, FOURRÉS AUX FRAMBOISES	200	5	8,1	27	8	3	5	8	120
BARRES COLLANTES SÉSAME ET PISTACHES	130	3	8,5	12	8	3	3	7	7,4
BARRES TENDRES DU RANDONNEUR	180	5	10,9	17	6	2	4	9	24
FUDGE CHOCO-AMANDE À L'AVOCAT	196	4	13,6	18	11	4	7	7	9,9
SCONES POMMES ET CANNEBERGES	188	4	6,6	29	9	1,5	3	7	157
BISCUITS AU SARRASIN, CHOCOLAT BLANC ET NOIX DE MACADAMIA	200	3	13,4	18	6	1,3	3	5	112

REMERCIEMENTS

Merci à toute l'équipe des Éditions du Journal, particulièrement à Mylène Des Cheneaux pour ton enthousiasme renouvelé pour le projet. Merci à Martin Balthazar de ta confiance depuis de nombreuses années, à Ariane Caron-Lacoste notre éditrice rigoureuse, à Pascale Matuszek notre réviseure perfectionniste, ainsi qu'à toute l'équipe artistique talentueuse du projet : Johanna Reynaud, Marike Paradis, Clémence Beaudoin et notre photographe adorée Chantal Poirier.

Merci à Amélie Robert, collaboratrice de longue date, pour sa grande disponibilité et sa rigueur remarquable dans la révision des calculs des valeurs nutritives. Merci à Jeanne Desjardins pour son engouement envers ce projet. Peu importe la tâche, elle était au rendez-vous, prête à donner le meilleur d'elle-même. C'est un plaisir de travailler avec toi ! Merci à Vanessa Daigle, nutritionniste créative, pour ses idées de recettes toujours originales et nutritives.

Merci à toutes les familles qui ont bien voulu se prêter au jeu de « testeur » de recettes. Nous tenons à remercier spécialement les familles de Karine Charlebois, de Christine Vaillancourt, de Roxanne Cloutier et de Chantal Pilotte. Nous remercions également du fond du cœur Nathalie Kobel et Christine Gadonneix ainsi que les membres de leur famille pour tout le temps qu'elles nous ont accordé. Sachez que tous vos commentaires, recommandations, suggestions de recettes et trucs ont été d'une aide précieuse.

Merci à Stéphane, Antoine, Émile et Aurélie d'avoir goûté de nombreuses recettes plusieurs fois en mille et une versions ! Vos papilles sont-elles prêtes pour de nouveaux essais culinaires ?

Merci à vous, lectrices et lecteurs, de nous faire confiance à nouveau ! Après la parution du livre *Les menus solutions famille*, vous avez été nombreux à nous avoir transmis vos bons commentaires sur les recettes et sur l'aide considérable que nos menus vous apportent. Sachez que toute l'équipe s'est engagée à ce que ce livre vous facilite la vie au quotidien tout autant, sinon plus, que le premier et à ce qu'il vous offre de savoureux moments en famille !

Isabelle et Nathalie

INDEX des recettes

LÉGUMINEUSES

PÂTES/NOUILLES

POISSON

PORC

SANDWICH

SOUPE

TOFU

VOLAILLE

VÉGÉ

Cet ouvrage a été achevé d'imprimer sur les presses
de Transcontinental Interglobe le vingt-huit juillet deux mille vingt
pour le compte des Éditions du Journal.